書下ろし

空海と密教

ひろ さちや

祥伝社黄金文庫

まえがき

人間、欲があるから悩むんです。

仏教の教えは、つまるところそれに尽きます。仏教の開祖の釈迦《しゃか》は、人生は苦であると教えました。老・病・死といった苦しみがあり、愛する者との別離の苦しみ、怨《うら》み、憎む者と会わねばならぬ苦しみ、求めるものが得られない苦しみ。人生は苦しみに充《み》ちあふれています。

じゃあ、なぜ人生は苦しみなのか？

釈迦は、それは欲望があるからだと教えました。欲があるから人間は苦しみ悩むのです。

では、欲をなくせばいい――。簡単にそう言わないでください。あなたは、欲をなくすことができますか……？　できっこありませんよね。食欲・性欲・睡眠欲は人間の基本的な欲望であって、それをなくせば人間でなくなってしまいます。人間であるかぎり、欲望をなくすことはできないのです。

最初、釈迦の教えをうけた弟子たちは、なんとかして欲望を克服することを考えました。基本的な欲望をなくすことはできないにしても、滅却《めっきゃく》できる欲望は滅却しようと努力しました。そうすると、どうしても禁欲主義になりますが、その禁欲主義こそ仏教の本質だと、初期の弟子たちはまちがって考えたのです。彼らがつくった仏教が小乗《しょうじょう》仏教です。したがって、小乗仏教というのはまちがった仏教です。

まあ、わたしたちが、普通に仏教に対して持っているイメージは、このような禁欲主義のものですね。

ところが、それは違う――と主張する人物が現われた。仏教の本質は禁欲主義ではなしに、逆に、

――大欲《たいよく》――

なんだ、という主張です。そのような主張をした人物が空海《くうかい》なんです。

では、大欲とは何でしょうか?

これは、普通に言われる「でっかい欲望」ではありません。日本一あるいは世界一の大金持ちになりたいとか、総理大臣になりたい、ノーベル賞を受賞したい、甲子園の高校野球で優勝したいといったような欲望は、みみっちい欲望であって大欲ではあ

りません。なぜなら、その手の欲望は競争原理にもとづくもので、誰か敗者を必要とします。一流大学に合格して、本人は喜んでいますが、その喜びは不合格者の無念さの上に得られたものです。金持ちになるには、貧乏人がいてくれないとなれないのです。世の中の全員が優等生、金持ちにはなれませんよね。

大欲というのは、そういう競争原理にもとづいた、ちまちました欲望ではありません。

もっとあっけらかんとした欲なんです。そして、誰もがそれを達成できる欲望。それは、

——真実の人間らしく生きたい——

といった欲望です。金銭欲や名誉欲、権力欲などに駆られて生きる人間は、真実の人間ではありません。ニセモノ人間です。人間が真実の人間として生きるとき、その人はもっとゆったり、のんびりと生きています。空海は、真実の人間らしく生きたいと思い、そのために仏教を利用しました。

〝利用した〟といった表現は、誤解を招きそうです。でも、当時、日本にあった仏教は、われわれに「真実の人間らしい生き方」を教えてくれるものではなかった。当

時の日本の仏教は国家仏教であって、権力者のための鎮護国家の仏教でした。だから空海は、そのような鎮護国家の仏教を捨てて、別の思想を創《つく》らねばならなかった。しかし、まったく新しい独創的な思想を創っても、古代の日本にあってはそれを弘めることはできません。ですから、その独創的な思想を「仏教」という体裁でもって説くよりほかなかったのです。そして、空海が説いた、その新しい体裁の仏教が、

――密教――

でありました。詳しいことは本文において解説しますが、空海は、密教というまったく新しい仏教を創ったのです。

＊

いま、日本人は、ちまちました欲望、みみっちい欲望に駆られて、それで悩んでいます。いえね、衣・食・住に対する欲望は、別段問題ありません。人間に胃袋が三つも四つもあるわけではなく、まあ食べるだけ食べればそれで欲望はおさまります。

いま、問題なのは、将来に対する不安からくる欲望なんです。

将来の日本が不安だ。誰もがそう思っています。一千兆円という国家の借金。どう

考えても返済できっこありません。だから不安です。そして、では、われわれはどうすればよいか……？　誰もその問いに答えられません。どうすればよいかが分からずに、しかもその未来に対応しようとして、日本人は悩んでいます。未来の不安にうまく対応しようというのは欲望ですよ。しかし、いくら悩んでも、不安に対応できるわけがありません。むしろ対応しようとすればするほど、ますます不安が募ります。

病気だってそうです。人間、誰だって病気になるのですよ。ところが、病気になりたくないといった欲があると、いろんな心配をして、ますます悩むはめになります。また、病気になれば、すべての人間が死ぬのですよ。もっとも、その病気がいったん治ったり、あるいは軽くなることもありえます。しかし、すべての人がまた別の病気にかかり、やがて死ぬのです。人間の死亡率は一〇〇パーセントです。それが分かっていて、みんな悩むのですよね。

ともかく、現代日本人は悩みだらけです。

その悩みの原因は何かといえば、ちまちました欲望、みみっちい欲望に駆られているからです。

わたしたちは空海に教わって、もっと大欲を持ちましょうよ。真実の人間らしく生きましょう。

わたしはそういう提言をしたいがために、この本を書きました。この本は、空海という平安時代の高僧を、われわれ平成の時代に再登場させ、われわれが真実の人間らしく生きるにはどうすればよいかを教えてもらおうと試みたものです。どうかあなたも空海のような密教人間になってください。そうすれば、あなたは、現代にあってものんびり、ゆったり、のびのびと生きることができますよ。

もくじ

I 大学を去る空海

2

彷徨する空海

3

海を渡る空海

6 傍若無人の空海

7 任務のない空海

8 僧に専念する空海

9 山に眠った空海

1 大学を去る空海

空海は迷ったか／迷わなかったか？

「ビュリダンの驢馬《ろば》（l' âne de Buridan）」と呼ばれる話がある。

飢えた驢馬がいた。好運なことに、驢馬は干し草の山を見つけた。だが、不幸なことに、驢馬は同時に二つの干し草の山を見つけたのであった。

なぜ、それが不幸か？　二つの干し草の山は、まったく同質・同量であった。つまり、どちらも同じほどうまそうに見え、量もまったく差がなかった。しかも、驢馬の位置から二つの干し草の山まで、距離も同じであった。

だから、どちらを食べようか、驢馬は迷ってしまった。左に行きかけると、どうも右のほうがうまそうに見える。それで右に向かうと、今度は左のほうがうまそうに思える。行きつ、戻りつしているうちに、驢馬は二つの干し草の山のちょうど中間で餓死してしまった。……という話である。

これが十四世紀フランスのスコラ哲学者のビュリダンがつくった話として、「ビュリダンの驢馬」と呼ばれているものである。だが、研究者によると、ビュリダンの著作のどこにもこの話はないそうだ。したがって、後世の誰かがビュリダンにかこつけて創作したものであろう。

でも、なかなかおもしろい話である。

人間、迷い始めるとこの驢馬のようになる。われわれは、簡単にこの驢馬を笑ってはいけない。

同質・同量・等距離であれば、右か／左かどちらを選んでもよいのである。理屈ではそれが分かっていても、あるいは他人の迷いであれば〈どちらでもよい〉と分かるにしても、いざ自分のことになるとなかなか決断できない。いずれにすべきか、迷いに迷うものである。

それが人間である。

だから、空海も迷ったはずだ。

何を迷ったか？　空海は十八歳で大学に入った。これは満年齢ではなしに数え年である。以下、本書における年齢はすべて数え年である。そしてその一、二年後、空海は大学を中退している。その人生の岐路に立って、きっと彼は迷いに迷い、悩みに悩んだはずだ。最初、わたしはそう考えた。

だが、そのあと、わたしはこう思った。

〈待てよ、ひょっとしたら空海は迷わなかったかもしれない……〉

空海という人物には、どうも「迷い」がふさわしくないからである。後年の空海は、何をするにも迷わずにやっている。まあ、それはそうだが、いまはまだ二十歳になる前の空海である。だから、大学に残るか／中退するか、彼も迷ったかもしれない。いやいや、やはり彼は迷わなかったはずだ。そうも思える。それでわたし自身が迷ってしまった。そこで「ビュリダンの驢馬」の話から書き始めた次第である。

迷いの本質

二つの干し草の山は同質・同量であり、しかも等距離にある。だから、どちらを選んでも甲乙がない。じつは、この、

――どちらでもよい――

ということが、人間を迷わせるのである。二つのもののあいだに大きな差があれば、人間は迷わない。

それともう一つ、

――どちらがよいか分からない――

という場合も、われわれは迷ってしまう。まあ、この場合も、どちらがよいかわかれわれに分からないのだから、結局はどちらでもよいことになってしまう。道が右と左に岐《わか》れていて、一方が地獄に、もう一方が天国に通じる道であることだけは分かっている。しかし、どちらがどちらかは分からない。だとすれば、現在の時点においては、どちらでもいいのだ。その選択が良かったのか／悪かったのかは、将来の問題だ。いまはどちらでもよいからこそ、われわれは迷うのである。

では、どちらでもよいものを、なぜわれわれは迷うのだろうか……？

それは欲があるからだ。

「ビュリダンの驢馬」でいえば、二つの干し草の山はどちらでもよいのに、〈どちらのほうがよりうまいか？〉と考え、よりうまいほうを食いたいという欲があるから迷うことになる。冷静に考えると、九千九百八十円と一万円は、どちらでもよい。あなたがわたしにくださるのであれば、わたしは文句は言いません。ところが、大勢の人々は、九千九百八十円のちらしを見て、遠くのスーパーまで買物に行く。わずか二十円でも得をしたいといった欲の故《ゆえ》にそうなるのである。

倒産寸前の企業で、希望退職者を募る。希望退職したほうがよいか／残ったほうがよいか、未来のことは誰にも分からない。ならば、どちらでもいいのである。にもかかわらず、どちらのほうが得になるかと考えて、その欲の故に社員は迷うのだ。

そりゃあね、倒産寸前の企業が立ち直って、希望退職した者が損する可能性もある。逆に、その企業がそのまま倒産して、残った社員が一円の退職金も貰《もら》えないこともある。〈しまった、あのとき退職しておけば、退職金が貰えたのに……〉と思うはめにならぬとはかぎらぬのである。未来のことは誰にも分からないのである。

では、どうすればよいか？

大事なことは、欲をかかぬことだ。

どちらがよいかが分からぬのであれば、〈どちらがよいか……？〉を考えずに——そう考えるのが欲である——、どちらでもよいと考えればよいのだ。気楽にサイコロでも振って、右の干し草か／左の干し草か、出た目によってそちらに進めばよい。そして、自分がいま食っているほうが、〈これがうまいのだ！〉と思うこと。そうすりゃあ、飢え死にすることはない。いや、幸せになれる。

このような選択法を「デタラメの選択」と呼ぶことにする。

この「デタラメの選択」ができる条件は、すでに述べたように欲をかかぬことだ。

空海御影（大本山金剛峯寺提供）

少しでも利益の大きいほうを選びたい……と思っている人は、この「デタラメの選択」ができない。その人は迷いに迷い、悩みに悩んで、きっと不幸になる。なぜなら、彼は、常に自分が選ばなかった道を考え続け、

〈あちらにしておけばよかったかなあ……〉

と悔やみながら生きるからだ。そんな生き方は不幸である。

こう考えると、はっきりと答えが出た。わたしは、大学を中退するにあたって、空海は迷ったか／迷わなかったかを問題にした。しかし、答えは明らかだ。空海には欲がないから、彼が迷ったり悩んだりするはずがない。

空海は、大学を続けるのが馬鹿らしくなって、ごく自然に大学に行かなくなったのだ。わたしはそう思う。そして、この自然にそうするというのが、いかにも空海らしいやり方だ。じくじく悩んだり、あれこれ迷ったりしない。まあ、ものごとはなるようになる——といった考え方が、空海らしい考え方であり、それが空海の密教の特色だ。それについてはあとでじっくり考察するが、ともあれここでは、

——人間はみみっちい欲を持てば迷い、悩むのだ——

ということだけをしっかりと記憶にとどめておいてもらいたい。

要するに、人生はなるようにしかならないのである。あなたの人生も同じであって、あなたがこれまで生きてきたようにしか生きられなかったのであって、〈あのとき、ああすればよかった〉と後悔するだけ無駄である。そして、残り少ないあなたのこれからの人生も、どうせなるようにしかならない。だから、じくじく悩んだり、どちらがいいかと迷ったりせず、あっけらかんと生きましょうよ。わたしはそういう提案をしたい。われわれはそういう角度から空海にアプローチすることにする。どうか空海から、あなたの生き方を学んでください。

大学に学ぶ空海

さて、空海は、十八歳で大学に入った。

だが、これは、当時としてはいささか異例である。

大学というのは都にだけあって、各地方には国学があった。しかし、「大宝律令《たいほうりつりょう》」によると、大学も国学も、入学資格は十三歳から十六歳までとなっている。空海の場合は十八歳で大学に入学したのだから、規定の入学年齢より相当に遅れている。どういう事情によるものか、研究者はあれこれ推測を加えているが、よく分からない。

わたしは、ひょっとしたら空海は正式に大学に入ったのではなしに、いまでいう聴講生のようなものであったかもしれないと思っている。というのは、空海自身がここのところを、

二九《じきゅう》にして槐市《かいし》に遊聴《ゆうてい》す。　（『三教指帰《さんごうしいき》』序）

と書いているからである。〝二九〟は十八歳、〝槐市〟とは大学である。〝遊聴〟という語が、なんとなく聴講生的な立場を暗示している。しかし、これは漢文で書かれたものであるから、現代日本語の感覚で読んではいけないのかもしれない。

では、空海が「遊聴」した大学は、どこにあったか？

空海が大学に入ったのは延暦《えんりゃく》十年（七九一）であった。このとき、都は長岡京《ながおかきょう》にあった。すなわち、天応《てんおう》元年（七八一）に桓武《かんむ》天皇が即位し、この桓武天皇の意向によって、都はそれまでの平城京から長岡京に移された。長岡京への遷都は延暦三年である。したがって空海が大学に入った延暦十年には、すでに長岡京への遷都は完了していたのである。

ついでに言っておくと、都がこの長岡京から平安京へ移されたのは延暦十三年であって、長岡京はわずか十年ばかりの短期の都であった。そして、平安京への遷都を俟《ま》って、文字通りの平安時代が始まるわけだ。平安遷都の年には、空海は二十一歳であった。

都が長岡京であるとすれば、当然、大学の所在地は長岡京であったと考えられる。だが、大学は依然として平城京、つまり奈良にあったという説もある。この辺のところ、あまりよくは分からない。もっとも、大学の所在地は、われわれの空海理解にあまり大きな影響はない。これ以上穿鑿《せんさく》しないでおく。

当時の大学は貴族の子弟を対象とする官吏養成機関であった。そこで徹底的に叩《たた》き込まれるのは儒教の教養であった。

大学において、空海は刻苦勉励《こっくべんれい》したようだ。空海自身が、先ほど引用した《二九にして槐市に遊聴す》に続けて、次のように書いている。

雪蛍《せっけい》を猶怠《なおおこた》れるに拉《とりひし》ぎ、縄錐《じょうすい》の勤めざるに怒《いか》る。

〈昔の人は「蛍の光、窓の雪」と一生懸命に勉学に励んだようだが、わたしは

〈そんなものは、まだ甘っちょろい〉と言わんばかりに刻苦し、睡気《ねむけ》を払うために首に縄をかけ、股《もも》に錐《きり》を刺して勉励した」

もっとも、漢文というのは、どうも表現がオーバーになる。「白髪三千丈」である。これを文字通りに信じてよいか、ちょっと不安になる。しかし、後年の空海の中国語の能力を見ると、彼は大学において猛烈に、それこそ死にもの狂いで勉強したと推測される。われわれはこれを信じておこう。

空海の誕生

にもかかわらず、空海は大学を中退した。

脇目《わきめ》も振らずに猪突猛進《ちょとつもうしん》している者が、そしてその勉学の成果がそれなりに得られている者が、途中でいやになって大学を中退するはずがない。途中退学者は挫折《ざせつ》した者だ。それが世間の評判である。たぶんその評判は当たっている。

では、何故に空海は大学を中退したのか？

それは挫折ではなかった。挫折ではなしに、もっと深い内面的な理由があった。そう考えたほうがよい。では、その内面的な理由は何か……？　それを追究する前に、大学に入るまでの空海、すなわち空海の誕生と幼年時代を見ておこう。

空海は、宝亀五年（七七四）六月十五日、四国の讃岐国《さぬきのくに》多度群《たどのこおり》屏風《びょうぶ》が浦《うら》で生まれた。この生誕地は、現在は善通寺《ぜんつうじ》の境内になる。ただし異説もあることはある。

誕生年に関しても、宝亀四年とする説もある。しかし、真言宗の宗門のほうでは、伝統的に宝亀五年説を採用しているから、われわれもそれに従っておこう。

それから、六月十五日という誕生日に関しては、これはそれほど根拠のあるものではない。

不空《ふくう》（七〇五―七七四）という名の僧がいる。インド出身の僧で、インド名をアモーガヴァジュラといった。彼はインドから中国に来て活躍し、数多くの密教経典を中国語に翻訳した。それで彼は密教付法第六祖とされている。

その不空の弟子が中国人の恵果《けいか》（七四六―八〇五）である。そして空海は、日本から唐に渡って、恵果から密教を継承した。したがって、空海は不空の孫弟子になる。

さて、不空が没したのは、唐の大暦九年（七七四）六月十五日であった。西暦を見て気づかれた人も多いであろうが、唐の大暦九年はわが国の宝亀五年である。そして、この年に空海が生まれた。そこで、誰言うとなく空海は不空の生まれ変わりだとする伝説ができた。たぶん空海自身も、そう信じていたかもしれない。

かくて、空海の生年月日は、宝亀五年（大暦九年、すなわち七七四年）六月十五日でなければならないことになった次第である。われわれはこれに異を唱える必要はない。空海の誕生日は六月十五日としておこう。

次に、空海の父は、名を佐伯直田公《さえきのあたいたきみ》といい、この地方の豪族であった。また、母も阿刀《あと》氏の出自で、同じく地方豪族である。じつは、この母の弟、空海からすれば叔父にあたる人物が阿刀大足《あとのおおたり》である。阿刀大足は、のちに桓武天皇の皇子である伊予《いよ》親王の侍講を務めた碩学《せきがく》である。たぶん空海は、幼年時代、この阿刀大足の薫陶《くんとう》を受けたはずだ。あるいは空海が十八歳で大学に入ったのも、この叔父の推挙によるものかもしれない。大学に入ってからの空海は刻苦勉励したに違いないが、その前に彼は多くを学んでいたことは否定できないであろう。その幼年時代の下地があってこそ、のちに大きな花が開いたのである。わたしはそう思う。

それから、空海の幼名は〝真魚《まお》〟といった。また、彼は〝貴物《とうともの》〟とも呼ばれていたようである。おそらく神童の誉れが高い少年であったと推測される。

大学の勉強はかすばかり

十八歳になって空海は大学に入る。この年齢は、前にも言ったように当時としては異例である。ひょっとしたら阿刀大足が、空海の才能を地方に眠らせておくには惜しいと思い、都に呼び寄せて大学に入らせたのかもしれない。伊予親王の侍講を務める叔父であるから、そういう破格の待遇をすることもできたのである。

だが、その破格の扱いが、空海にとってよかったかどうか。たぶんよくなかったのであろう。

当時の大学は、貴族の子弟が学ぶ所である。貴族の子弟には、卒業後のポストが約束されている。彼らは、そのポストに就くための勉強をするのである。

しかし、空海は地方豪族の子だ。いちおう貴族に列せられているにしても、明らかに下級貴族である。大学で勉学しても、たといその成績が抜群であっても、それほど恵まれたポストに就けるわけがない。

そして、大学で学ぶものも、空海にすればちっともおもしろくないものばかりである。

述べている。

と空海は思ったに違いない。そこのところを空海の十大弟子の一人で、東寺第三世となった真済《しんぜい》作と伝えられている（ただし異説もある）『空海僧都《そうづ》伝』は次のように

〈つまらぬ〉

我の習ふ所は古人の糟粕《そうはく》なり。目前に尚《な》ほ益なし。況《いわ》んや身斃《たお》るるの後をや。この陰已《いんすで》に朽《く》ちなん。如《し》かず真を仰がんには。

〔わたしが学んでいるものは、昔の人が言った言葉のかすばかり。生きているいまのこの瞬間の役には立たぬし、ましてや死んだあとの役には立たぬ。この肉体はすぐに朽ちてしまう。真実を求めずして、どうしようというのか〕

大学で教わるものは、昔の聖人がああ言った、こう言ったと、くだらぬ知識ばかりである。そんなものは糟粕だ、つまり酒のかすでしかない。人生の役には立たぬし、死後の役にも立たない。つまらぬ！　そんなかすばかりの勉強に、あたら青春を犠牲

にしてよいものか！　空海はそう息巻いている。

その空海の気持ち、わたしにはよく分かる。わたしは空海に共鳴する。

と、書いてみて、〈待てよ……〉とわたしは考えた。わたしは本当に空海の気持ちが分かっているだろうか。おそらく分かっていないのではないか。

なぜなら、秀才、エリートであれば、空海に同調しないはずだ。秀才にしたって彼らが大学で学んでいるものが「古人の糟粕」であることは百も承知である。しかし彼らは、それによって将来の立身出世が約束されている。それは現代の秀才であっても同じだ。彼らは「古人の糟粕」を学ぶことによって、上級職の公務員試験、司法試験、外交官試験に合格できる。だから彼らは一生懸命にかすの勉強をする。

ところが、わたしは秀才、エリートではない。そんなわたしが、〈大学で学ぶものはつまらぬ〉と思っても、それは劣等生の僻《ひが》みでしかない。いい成績がとれないから、あんな勉強はつまらぬと言うのである。わたしのはたんなる負け惜しみである。

だが、空海は違う。空海の実力は抜群である。そのことは後年の彼の実績が証明してくれる。その空海が、大学の勉強なんて「古人の糟粕」であり、「つまらぬ！」と言ってのけたのだ。そして彼は、その言葉を残して大学を去って行った。そこのところを、わたしたちはしっかりと見ておかねばならない。

無欲で行動する空海

したがって、空海は、大学を去るにあたってちっとも迷いはなかった。わたしはそう思う。だって、そうでしょうよ。迷いというものは将来の計算から生じる。大学に残ったほうが得か／損か、そう考えると人間に欲が生じ、迷いが生じる。

しかし、空海は迷わない。彼は、

〈大学での勉学なんてつまらぬ〉

と思ったとたん、すぐさま反射的に行動をして大学を中退した。

それができたのは、彼に欲がなかったからである。

彼は優等生であったから、大学に残っていれば少しはましなポストが得られる可能性もある。それに阿刀大足といった縁故もある。学者になって大学の先生になれるかもしれない。そういう欲得の計算を始めると、迷いが生じ、しぶしぶ大学に残ってつまらぬ勉強をするはめになる。だが、彼は無欲であったから、すんなりと大学を辞めることができたのである。

空海が活躍した舞台

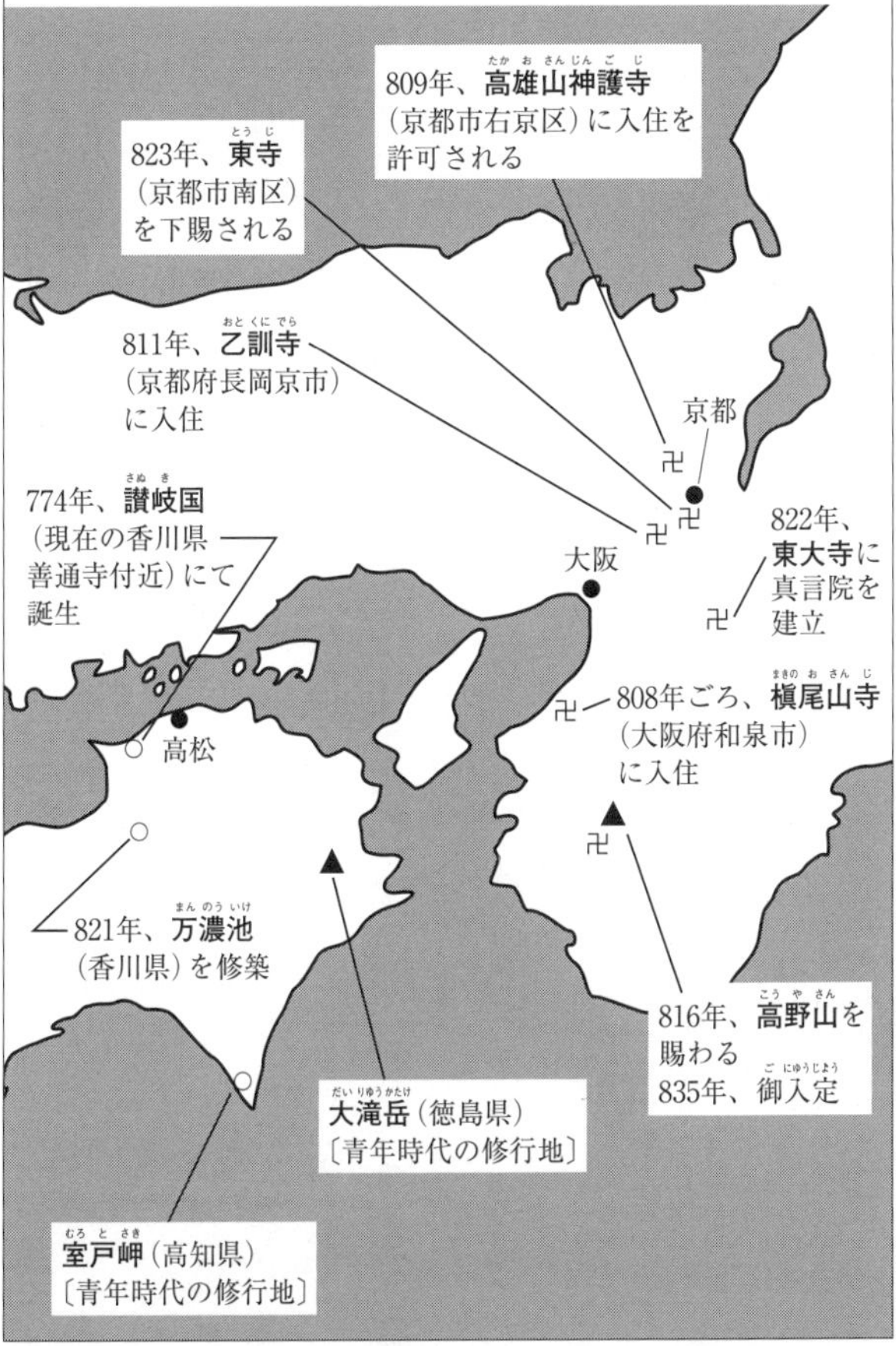
809年、高雄山神護寺《たかおさんじんごじ》
（京都市右京区）に入住を
許可される
823年、東寺《とうじ》
（京都市南区）
を下賜される
811年、乙訓寺《おとくにでら》
（京都府長岡京市）
に入住
京都
774年、讃岐国《さぬきのくに》
（現在の香川県
善通寺付近）にて
誕生
大阪
822年、
東大寺に
真言院を
建立
808年ごろ、槇尾山寺《まきのおさんじ》
（大阪府和泉市）
に入住
高松
821年、万濃池《まんのういけ》
（香川県）を修築
816年、高野山《こうやさん》を
賜わる
835年、御入定《ごにゅうじょう》
大滝岳《だいりゅうかたけ》（徳島県）
〔青年時代の修行地〕
室戸岬《むろとさき》（高知県）
〔青年時代の修行地〕

そして、おもしろいのは、大学を中退したのを契機にして、空海はどんどん密教人間になっていったことだ。ところで、では密教人間とは何か？　それは、いまは解説しないでおく。あとでじっくり考察することにする。ともかく空海は、無欲であったから、その無欲にもとづく行動によって、運命がどんどん変わっていくのだ。計算の上に立った行動だと、その人の運命はみみっちくなる。他人から誤解されたり、他人とのトラブルを引き起こしたりする。いえ、他人から誤解されてもいいのですよ。空海だって、相当に誤解されている。しかし、密教人間であれば、別段、他人から誤解されてもそれを苦にしない。弁解もしないで、のんびりマイ・ペースでやっていける。それが密教人間のいいところだ。しかし、欲得の計算の上で行動する人間は、そうはならない。どうしてもみみっちい人生になってしまう。

ともあれ空海は無欲で行動を始めた。

そうすると、彼の運命がどんどん開けていく。歯車が好転するのだ。どのように好転したか……？　これからそれを、われわれは追いかけてみよう。

2 彷徨する空海

『三教指帰』

空海は大学を飛び出た。

それから空海はどうしたか……?

じつは、それがよく分からないのである。

十八歳で大学に入り、一、二年ののち大学を飛び出した。そのあと、三十一歳になって空海は遣唐使船に乗り込んで中国に渡る。その間、十一、二年を、彼がどこで何をしたか、その足跡が杳《よう》として分からぬ。彼は風来坊になって各地を彷徨《ほうこう》していた、と言うよりほかない。

ただ、延暦十六年(七九七)、彼が二十四歳のときに、『三教指帰《さんごうしいき》』なる書を著わしたことだけは分かっている。

『三教指帰』は空海の処女作である。この書は、最初、『聾瞽指帰《ろうこ》』と題されていたらしい。『聾瞽指帰』の真筆本が残っている。その『聾瞽指帰』に序をつけて、空海はそれを『三教指帰』としたようである。

「三教」というのは、儒教・道教・仏教である。空海は、儒教を奉ずる亀毛《きもう》先生、道教の虚亡陰士《きょぼういんし》、仏教の仮名乞児《かめいこつじ》を登場させ、戯曲仕立てでもって三人を争論させ、仏教が最も優れた教えであると結論する。それゆえ、われは儒教・道教を捨てて仏教の道を行く——と宣言《マニフェスト》したのが『三教指帰』である。空海の青春時代の思索をまとめた書というべきであろう。

ところで、この『三教指帰』の序に、大学を飛び出た前後の空海の行動がわずかではあるが書きとめられている。それを読んでみよう。

余《よ》、年《とし》、志学《しがく》にして外氏阿二千石文学《がいしあじせんせきぶんがく》の舅《きゅう》に就いて伏膺《ふくよう》し鑽仰《さんぎょう》す。二九《じきゅう》にして槐市《かいし》に遊聴《ゆうてい》す。雪蛍《せっけい》を猶怠《なおおこた》るに拉《とりひし》ぎ、縄錐《じょうすい》の勤めざるに怒る。

〔わたしは十五歳のとき、母方の叔父にあたる阿刀大足《あとのおおたり》について勉学を始めた。そして十八歳で大学に入り、刻苦勉励して儒教を学んだ〕

十五歳で空海は阿刀大足に学んだとあるが、この当時阿刀大足は都にいたはずだ。

したがって空海は、十五歳のとき讃岐から上京し、そのあと十八歳で大学に入ったことになる。
大学に入ったあとからのことは、すでに1章で読んでおいたから、ここではさらりと訳しておいた。

勤操との出会い

さて、問題はこのあとだ。『三教指帰』序は、次のように続く。

爰《ここ》に一《ひとり》の沙門《しゃもん》有《あ》り。余《よ》に虚空蔵聞持《こくうぞうもんじ》の法を呈《しめ》す。其《そ》の経に説《と》かく、「若《も》し人、法に依つて此《こ》の真言一百万遍を誦《じゅ》すれば、即《すなわ》ち一切の教法の文義《もんぎ》暗記することを得」。ここに大聖の誠言《せいごん》を信じて飛焔《ひえん》を鑽燧《さんすい》に望む。阿国大瀧嶽《あこくたいりょうのたけ》に躋《のぼ》り攀《よ》ぢ、土《と》州《しゅう》室戸崎《むろとのさき》に勤念《ごんねん》す。谷響《たにひびき》を惜しまず、明星来影《みょうじょうらいえい》す。

〔ここに一人の沙門がいて、わたしに『虚空蔵菩薩求聞持法《こくうぞうぼさつぐもんじほう》経』を教えてくれた。その経典にこう説かれていた。「もしこの教えの通りにこの真言を百万遍唱えるならば、仏教のすべての経典を暗記し、理解することができる」と。わたしはこの仏陀の言葉を信じて、木を擦《す》り合わせて火をおこすときのように休むことなく努力した。あるときは阿波の国の太龍寺の山に登り、あるときは土佐の国の室戸《むろと》岬《みさき》で修行に励んだ。すると、幽谷はこだまし、明星が出現するといった霊験があった」

空海は一人の沙門に会ったのだ。沙門とは仏教僧である。正式に受戒得度《とくど》した僧侶をいう場合もあるが、むしろ自分勝手に出家した修行僧を指すことのほうが多い。空海が出会った沙門が、そのいずれであるかは書かれていない。

　この沙門が誰であるか、古来の通説では東大寺系の僧侶の勤操《ごんぞう》（七五四―八二七）とされている。近年は勤操説に疑義を唱える学者も多いが、わたしは一沙門は勤操でよいではないかと考えている。理由は、当時勤操は奈良の岩淵寺《いわぶちでら》に住していたが、大《だい》安《あん》寺にも学び、また和泉《いずみ》の槇尾山寺《まきのおさんじ》をも管理していた。そして、空海が唐から帰国後、しばらく槇尾山寺に滞在したことはまちがいないのであり、そうすると唐に渡る以前に空海は勤操を介して槇尾山寺と関係があったと考えられるからである。しかし、わたしは学者ではないから、そのような考証には深入りしない。古来の通説に従って、ここは勤操と仮定して話を進める。

では、空海はいつ勤操に会ったか？　『三教指帰』は、《ここに一の沙門あり》と書いているだけで、それが空海の大学在学中か／退学後かは不明である。これもわたしの勝手な独断であるが、わたしはそれを大学在学中のこととしておく。空海は大学で主として儒教を学びながら、その合間に大安寺に出掛けて行って仏教を学んだ。その大安寺で、空海に仏教を教えたのが勤操であった。そうすると大学の所在地は奈良のほうがよいことになる。長岡京から奈良の大安寺に通うことは不可能だからである。

しかし、大学在学中に大安寺で勤操から仏教を学んだのは、あくまでも教養としての学問であったと思われる。そのうちに、空海は仏教にのめり込んでいった。そして彼は、自分は仏教僧になろうと決断した。わたしはそう想像する。

当時、仏教僧になるには、一つには試験に合格して正式な官僧となる途《みち》と、もう一つは自分勝手に世を捨てて、優婆塞《うばそく》と呼ばれる山林修行者になる途があった。空海の場合は後者である。彼は大学を中退して、山林修行者になることを考えた。そのとき、それまで大安寺において彼を教えてくれていた勤操が、彼に、

——虚空蔵求聞持法（たんに「求聞持法」ともいう）——

を教えてくれた。それで彼は四国に行き、阿波の太龍寺や土佐の室戸岬などで求聞持法を中心とする修行をした。そのように読めば、『三教指帰』とぴったり一致する。

わたしは風来坊だ！

虚空蔵求聞持法というのは、簡単にいえば、

——南牟《ナウボウ》・阿迦捨《アキャシャ》・掲婆耶《ギャラバヤ》・唵阿利迦《オムアリキャ》・摩唎慕唎《マリボリ》・莎嚩訶《ソワカ》——

といった真言を百万遍唱える修行である。日数は五十日、七十日、百日と、行者の意にまかせられているが、かりに五十日だとすると一日に二万遍、百日であれば一日に一万遍、この真言を唱えなければならない。大変な修行である。それに、それをやる場所についても細かな指示がある。

この修行をやると、暗記力が高まり、すべての仏教経典を理解する能力が高まると言われている。空海はそのおかげで、すごい暗記力と理解力を身につけたらしい。

もっとも、これは逆に考えたほうがよいかもしれない。すごい暗記力と理解力に恵まれた者、天賦《てんぷ》の才の持主だからこそ、こうした虚空蔵求聞持法をやってのけることができるのだ、と。天才・空海だから求聞持法を実修できたのであって、求聞持法を

実修したおかげで空海が天才になったのではなかろう。そう考えたほうが合理的だ。

しかしまた、求聞持法は短い真言を一日に一万遍以上も唱えなければならない。そうすると、その行者の日常性は完全に否定される。浮世のこと、世俗のことを考えていたのでは、求聞持法はやれない。

そして、日常性を否定されるということは、世俗を離れることだ。世俗を離れるということは、無欲になることだ。この点においても、空海はもともと無欲であったから求聞持法を修することができたのであり、また、求聞持法を修することによって、空海はますます無欲になった——と言うことができる。その結果、彼は密教人間になることができたのである。

そのことについて、空海は『三教指帰』の序で次のように記している。前の引用に続く部分である。続きをはっきりさせるため、少し重複して引用する。

谷響《たにひびき》を惜しまず、明星来影《らいえい》す。遂《つい》に乃《すなわ》ち朝市《ちょうし》の栄華念念に之《これ》を厭ひ、巌藪《がんそう》の煙霞《えんか》日夕《じっせき》に之を飢《ねが》ふ。軽肥《けいひ》流水《りゅうすい》を看《み》ては電幻《でんげん》の歎き忽《たちま》ちに起り、支離《しり》懸鶉《けんじゅん》を見ては因果の哀《かな》しび休《きゅう》せず。目に触れて我《われ》を勧む。誰か能く風を係《つな》がむ。

〔すると、幽谷はこだまし、明星が出現するといった霊験があった。かくしてわたしは官府において栄達を求める気持ちも、市場において利益を求める気持ちも、だんだんに厭わしくなってしまった。そして、朝に夕に、深山・渓谷にたなびく霞《かすみ》や靄《もや》に心が惹かれるようになった。軽《かろ》やかな衣裳、よく肥えた馬、流れる水を見ると、これらも稲妻のごとくはかなきものに思え、襤褸《ぼろ》をまとった貧者・身障者を見ては、因果の道理を思って悲しくなる。目に触れるすべてのものがわたしを世から離れさせる。風のように吹き流れるわたしのこの気持ちを、いったい誰が止めることができるだろうか〕

官吏になるのもいやだ！　商売人にもなりたくない！　わたしは根っからの風来坊だ！　世捨人だ！　だからわたしは、世捨人にふさわしい仏道の人となる！　空海はそう宣言したのであった。

空海は中国に密航したか？

では、そのあと空海はどうしたか？　それが皆目分からないのである。その『三教指帰』が書かれたのは延暦十六年（七九七）、空海二十四歳であった。その二十四歳までの空海の足跡は、おぼろげながら想像がつく。すでに述べたように、大学に在学中、奈良の大安寺で勤操に師事して仏教を学び、そして虚空蔵求聞持法を教わった。そこで、本格的にその求聞持法を実修するため、大学を中退して四国の各地で優婆塞として山林修行をした。そして二十四歳で『三教指帰』を著わした。ただし、これはわたしの推測であって、研究者のうちには、空海に求聞持法を教えた沙門は勤操ではなく、大安寺の慶俊《けいしゅん》の弟子で、空海と同郷の讃岐の出身の戒明《かいみょう》だという人もいる。細かなところでは異論はあるが、まあだいたいはそういうところに落ち着く。

ところが、二十四歳以後の空海となると、これがまったく分からない。

そのあと、われわれの前に彼が姿を見せるのは延暦二十三年（八〇四）、彼が三十一歳のときだ。二十四歳から三十一歳までのあいだの空海については、まったく

不明である。研究者のあいだでは、それ故、これは、

——謎の七年間——

と呼ばれている。伝記的にまったくの空白の期間なのだ。

そこで、この「謎の七年間」について、古来、さまざまな仮説、臆説、珍説が出されている。

なかでもおもしろい珍説は、中国密航説である。空海はこの七年のうちの何年かを中国に渡って、中国で暮らしたというのである。

これはまあ、空海があまりにも中国語に堪能であったから、それを説明するためにつくられた説であろう。彼は中央標準語ばかりか、地方の方言まで自由に話せたとされている。それはきっと、彼はすでに中国で暮らしたことがあるからだ。といったところで、この中国密航説が出されたのであろう。

わたしは、かってはこの中国密航説にちょっと魅力を感じた。しかし、現在は、これに加担しない。なぜなら、空海は大学に学んでいるのだ。当時の大学では、中国語は国際語であって、大学生であればだいたいは中国語を自由自在に操《あやつ》ることができる。大学には音博士《おとはかせ》と呼ばれる教授がいて、会話も教えてくれる。現在の日本の大学

で英語が使われている（理工系の大学では、授業も英語でなされているぐらいである）のと同じである。たしかに空海の語学力は抜群であったろうが、それは彼が秀才であったからだ。なにもわざわざ中国に密航する必要はない。最近のわたしはそう考えている。

空海の全国行脚？

謎の七年間を説明するのに、もう一つ、「全国行脚説《あんぎゃ》」がある。空海は、七年のあいだ、日本全国を行脚してまわった、というのである。

たしかに、それも一つの見方である。

これはずっとのちのことであるが、天長元年（八二四）四月六日に空海は「少僧都《しょうそうず》を辞《じ》する表」を朝廷に出している。その年の三月二十六日に空海は少僧都に任ぜられたが、自分はその任に耐えられる人物ではないので、この位をお返ししたいと申し出たのである。このとき、空海は五十一歳。その中に次の表現がある。

空海弱冠《じゃっかん》より知命《ちめい》に及ぶまで山藪《さんそう》を宅《いえ》とし、禅黙《ぜんもく》を心とす。人事《じんじ》を経《へ》ず、煩砕《はんさい》に

耐えず。（『性霊集《しょうりょうしゅう》』巻第四）

〔わたし、空海は、二十歳のころから五十歳ごろまで、もっぱら山林に住して瞑想を心掛けてきました。世俗のことに経験がなく、それにたずさわることは煩わしくてなりません〕

ここにあるように、空海は山林に住することを好んできた。暇があれば山林に籠《こも》り、山の空気を吸ってきた。だから、謎の七年間、空海は全国に行脚し、山林で修行していたのであろう。そうすると、全国行脚説が成立する。

けれども、よく考えてみれば、この説は謎の解明にはなっていない。

だって、そうでしょうよ。七年間、空海の「所在場所が不明」ということと、彼が「日本全国のあちこちにいた」ということとは、実質的に情報量は同じである。すなわち、全国行脚説は、われわれにほとんど何も教えてくれないのである。

そのほか、「空海＝山師説」がある。

〝山師〟の語は「詐欺師《さぎし》」と同義に使われることもあるが、この場合はそうではなしに鉱山の採掘者である。空海は主に吉野《よしの》の山林で鉱物資源を探っていた。そういう技術者であったというのである。そして、とくに吉野の水銀鉱脈と空海の関係は深い。ひょっとしたら、空海が中国に渡るときの費用も、この山師のグループから提供されたのではないか。それが「空海＝山師説」である。

まあ、空海が山を歩きまわっているうちに、ときにはそのような鉱山技術者との接触はあったかもしれない。しかし、それを大袈裟《おおげさ》に空海その人が山師であったと言う必要はなかろう。

われわれは素直に、空海には謎の七年間がある。たぶんそのあいだ、空海は仏道修行に励んでいたらしい。あるときは、彼は奈良の諸寺で仏典の研鑽《けんさん》を積み、またときには山林にあって修行をする。七年間は、彼のそのような充電の期間であったと考えるべきだ。その充電の上に、後年の空海の密教が開花する。そのように見たほうがよいと思う。

『大日経』の発見

けれども、この謎の七年間に、われわれが見落としてはならないことが一つだけある。

それは空海と密教との出会いである。

『御遺告《ごゆいごう》』によると、このあいだに空海は、大和《やまと》の久米《くめ》寺の東塔の下で『大日経《だいにちきょう》』を発見したとある。彼が東大寺大仏殿において、「仏教最高の教えをわれに示したまえ」と祈誓すると、「久米寺へ行け」といった夢告があり、それで久米寺に行って『大日経』と出会ったのである。

『御遺告』は、空海の遺誡《いかい》をまとめたものとされている。しかし、学問的にはかなり問題のある箇所もある。おそらくこの書は、空海の意を慮《おもんぱか》った弟子たちが、師の伝記を理想化し、偶像化して書いたものではないかというのが通説である。したがって、これをそのまま信用するのは危険である。われわれはこれを一つの伝承として受け取っておこう。

ともあれ、伝承によると、空海は唐に渡る以前に、すでに日本において『大日経』を読んでいたのである。じつは、『性霊集』（巻第七）にもこれを裏付ける文があり、これはある程度信じてよさそうである。

『大日経』というのは、正式の名は『大毘盧遮那成仏神変加持経《だいびるしゃなじょうぶつじんぺんかじきょう》』といい、重要

な密教経典である。この題名は、

——大日如来《だいにちにょらい》が正しく完全な悟りにもとづいて、さまざまな姿をとって衆生《しゅじょう》の前に出現され、不思議な力を加えて衆生を護《まも》ることを説いた経典——

といった意味。それで『大日経』と略称される。

空海は久米寺でこの『大日経』を発見した。そして読んでみた。だが、分からない。そこでこの経典を分かるために、本場の中国へ行こう、そういう気持ちを起こしたというのである。それが伝承である。

じつは、空海が『大日経』を読んでよく分からなかった——という点には、いささか問題がある。

『大日経』は、唐代に善無畏《ぜんむい》（シュバカラシンハ。六三七—七三五）によって翻訳されたが、全七巻三十六品《ほん》（〝品〟とは「章」の意）より成る。ところが、そのうちで教理（教相）を説いた部分は第一品の「住心品《じゅうしんぼん》」だけで、第二品以下の残りは、曼荼羅《まんだら》や真言・陀羅尼《だらに》、字輪観《じりんかん》と呼ばれる密教独自の観法や戒律などの修法（事相）を説いた部分である。つまり、理論篇と実践篇から成り、理論篇は最初の第一章だけで、あとはすべて実践篇である。

空海は、きっと最初の理論篇は理解できたと思う。わたしにだって理論篇はいちおうの理解はできるのだから、空海に理解できないはずがない。

空海に分からなかったのは、実践篇である。

これはテクニック（技法）である。曼荼羅の描き方だとか、護摩《ごま》の焚き方といったものは、実際に手を取って教えてもらわないと容易に分かるものではない。

それで空海は、唐に渡りたいと思った。わたしはそのように推測している。

密教の基礎理論

そこで空海は唐に渡った――と続くところであるが、その前にわれわれは、

――そもそも密教とは、どういう仏教なのか？――

を瞥見《べっけん》しておこう。なぜかといえば、空海はある程度、彼の密教観というものを確立した上で唐に渡ったからである。空海がなんら予備知識なしで、白紙の状態で唐に渡り、そこでたまたま密教に出会い、それを学んで帰国した。そんなふうに考えてはいけない。空海は、そもそも密教とは何かを知っていた。彼は独自の哲学を確立した上で唐に渡ったのだ。わたしはそう確信している。そこでわれわれはここで、ほんの

少し密教に対する予備知識を仕入れておこう。というのがわたしの目論見である。

さて、密教とは何か……？

わたしはあるとき、インド人と雑談したことがある。

「ひろさん、仏教というのはブッダの教えですよね」

「ああ、そうだよ」

「と同時に、仏教はブッダになるための教えですよね」

「そうだ、その通りだよ」

「では、われわれは何年ぐらい修行すれば、ブッダになることができますか？」

「われわれがブッダになるには、とてもとても長い時間がかかる。まあ、最低でも五十六億七千万年はかかる」

「ところが、ですね。ミスターひろ、わたしは毎朝ブッダになるのですよ」

彼のその言葉に、わたしはちょっと腹立たしくなった。それで何の応答もせず、別の話題に移った。

インド人の「わたしは毎朝ブッダになる」といった言葉が、すばらしいジョークであることに気づいたのは、そのあと一週間もしてから、インドから帰国する航空機の中であった。

〝ブッダ〟はサンスクリット語で「目が覚める」を意味する。そこで、「(真理に)目覚めた人」を指す言葉として、〝ブッダ(仏陀)〟が仏教の開祖である釈迦の尊称になった。インド人が「わたしは毎朝ブッダになる」と言ったのは、わたしは毎朝目が覚めるという意味である。あたりまえだよね、目が覚めなければ死人である。サンスクリット語を使った出来のいいジョークである。

それにわたしは気づかなかった。

しかし、あとでそれに気づいたとき、突然、わたしは目が覚めた。

〈そうだ！　これが、空海の考えた密教なんだ！〉

わたしたちは毎朝、ある意味でブッダになる。もちろん、大したブッダではない。赤ん坊のブッダである。だから、失敗ばかりするが、それは気にせず、ブッダになったのだから、ひとつブッダらしく生きてみようではないか――。そう考えるのが密教である。

伝統的な仏教――それを顕教《けんぎょう》という――では、われわれがブッダになる、悟りを開いて仏になるには、劫《こう》と呼ばれる無限に等しい時間がかかるとされる。なかなか仏になれないのだ。

ところが、密教では、発想を逆にして、われわれはまず仏——赤ん坊の仏——になり、その仏の自覚を持って生きるとよい、そのように考えるのだ。すると、そこに仏のほうからの大きな力が加わり、われわれは次第に成長する。仏に向かって成育するのだ。それが密教の初歩的な理論だ。

もちろん、空海が摑《つか》んだのは、こんな簡単なことではない。もっともっと、彼は密教の基礎理論を得ていた。しかし、いま、その密教の基礎理論を教わっても、われわれにそれを咀嚼《そしゃく》する力がない。したがって、ここではこれぐらいにしておく。

密教は母国語を学ぶ仏教

先ほど述べたが、密教に対して、伝統的な仏教を顕教という。

密教とは「秘密仏教」の意であり、教えが秘密にされているのである。

密教において、教えを説くのは大日如来である。顕教において、教えを説くのは釈迦仏である。

釈迦仏は、誰にでも理解できるように教えを説かれた。だから、教えが顕《あらわ》になっているのである。しかし、大日如来は宇宙仏である。宇宙そのものが大日如来である。それ故、宇宙仏の教えは秘密にされている。これは、大日如来がわざと隠してわれわれに知らせないのではない。大日如来はオープンに教えを語っているが、なにせ宇宙仏であるからそこで使われている言語は普通の人間の言葉ではない。夜空の星、風の音、波の音が、大日如来の語る言葉だ。一輪の花が咲き、それが枯れて凋《しぼ》む。それでもって大日如来はわれわれに説法されているのである。いわば象徴言語である。だから大日如来がオープンに真理を語っても、われわれにそれが理解できない。それで秘密になっているのだ。

では、どうすれば、われわれに大日如来の教えが理解できるだろうか？

簡単である。先ほども言ったように、われわれが大日如来の赤ちゃんになればよい。人間の赤ん坊が親と一緒に生活しているうちに、やがて親が使っている言葉をマスターできる。それと同じく、大日如来の赤ちゃんが大日如来と一緒に生活していれば、やがて大日如来の語る言葉が理解できるようになる。それが密教の考え方だ。

だとすると、

密教は……母国語をマスターする仏教であり、

顕教は……外国語を習得しようとする仏教である。

そのように言うことができそうだ。

空海は、それまでの仏教――顕教――が、一生懸命に修行を積んで、仏という外国語を学ぼうとする仏教であったのに対し、いきなり仏（仏の赤ちゃん）になり、仏という母国語を覚えていく仏教に変えてしまった。わたしは、空海はそういうコペルニクス的転回をした大思想家だと思っている。

われわれはそうした視点でもって、唐に渡った空海を追いかけてみることにしよう。

3
海を渡る空海

遣唐使の一員に加わる

延暦二十三年（八〇四）七月六日、空海を乗せた船は肥前田浦《ひぜんたのうら》港より出航した。もっとも空海は、すでに五月十二日に難波《なにわ》でこの船に、乗船している。その船が日本を離れたのが七月六日。そして船は、十月三日、中国の福建《ふっけん》に着いた。

このとき、空海は三十一歳。

船は遣唐使船であった。

では、空海はどうして遣唐使船に乗り込むことができたのか？　それが皆目分からないのである。もちろん、空海が唐に行きたいと思っていたことは疑いがない。だからといって、簡単に遣唐使船に乗れるわけがない。それ相当の手続きが必要だ。いったい空海は、どのような手続きでもって遣唐使船に乗り込んだか？　そして、空海の資格が何であったか？　それがまったく不明なのだ。

どうも空海の伝記は謎だらけである。

書きにくいといえば、これほど書きにくい人物はない。でも、ものは考えようで、それだけ勝手な想像をふくらませることができるのだから、それを楽しみながら書いてみよう。

まず空海は、唐に渡って密教を学びたいと思った。

そうすると、空海が相談できる人は阿刀大足しかいない。空海の母方の叔父で、桓武天皇の皇子の伊予《いよ》親王の侍講をしている人だ。空海は十五歳のときから、この叔父に親炙《しんしゃ》している。

甥から相談を受けた大足は、そこで空海を遣唐使の一員に加えるようにと、あれこれ奔走した。

空海にとって幸いであったのは、じつは藤原葛野麿《ふじわらのかどのまろ》を大使とする遣唐使船は前年の延暦二十二年三月に難波を出帆したが、現在の松山あたりで暴風雨にあって難破し、延期になっていたことだ。その船が、今年（すなわち空海が叔父に相談した年）に再出発することになっている。そこで大足は、その遣唐使の一員に空海を推挙しようとしたのだ。

資格は留学生《るがくしょう》である。留学生は、二十年間唐にとどまって勉学することを義務づけられている。

空海の資格は通訳ではなかったか、と言う人もいるが、それは当たらないと思う。

なぜなら空海は二年後に日本に帰って来たとき、朝廷に文書を出して、

空海、闕期《けつき》の罪、死して余りありと雖《いえど》も……。（『御請来目録《ごしょうらいもくろく》』）

と言っている。〝闕期〟というのは、〝闕《けつ》〟は「欠ける」の意味であり、二十年の留学期間を満了せず、わずか二年で帰って来た罪は死に値すると言っているのだから、これは彼が留学生であったことを教えている。

もっとも、阿刀大足は甥を売り込むとき、

「猛烈に語学のできる男です。だから、通訳としても使うことができますよ」

というぐらいのことは言ったかもしれない。そこで大使の藤原葛野麿は、空海を通訳として扱ったかもしれない。しかし、空海の正式な資格は留学生であったとわたしは思っている。

同じ年に最澄も唐に渡った

空海は阿刀大足の推輓《すいばん》を得て、留学生として唐に渡ることができた。

しかし、留学生の全員が仏教を学ぶわけではない。そもそも遣唐使の派遣は大陸の文化を取り入れる目的であり、仏教はその一端にすぎない。もっとも、空海が学びたいのは仏教、とくに密教であった。それはまちがいがない。

では、仏教を学ぶ目的であれば、正式な官僧の資格が必要だ。空海は官僧ではなく、自分勝手に出家した私度僧《しどそう》の優婆塞《うばそく》であった。それが留学生となって中国に渡るのだから、正式に受戒をして僧の資格をとっていたであろうと考えられるが、しかし彼が、いつ、どこで僧としての資格を得たか、これまたはっきりしないのである。空海が得度した年齢は、二十歳、二十一歳、二十二歳、二十五歳、三十一歳と諸説があるが、『弘法大師行化記《こうぼうだいしぎょうけき》』によると、彼は延暦二十三年（八〇四）四月七日に出家したとある。延暦二十三年といえば、遣唐使船が出帆した年だ。どうやら彼は、留学の直前、あわてて僧の資格をとったらしい。

さて、遣唐使船は全部で四隻であった。

空海が乗った船は第一船。これには大使の藤原葛野麿、副使の石川道益《いしかわのみちます》が乗っていた。また、のちに空海、嵯峨《さが》天皇とともに三筆の一人に数えられる橘逸勢《たちばなのはやなり》も、この第一船に乗っている。総数で二十三名がその乗員だ。

第二船には、判官《はんがん》の菅原清公《すがわらのきよきみ》をはじめ二十七名が乗っていた。その二十七名のうちに、あの最澄《さいちょう》の名がある。

最澄は天台宗の開祖である。このとき彼は三十八歳。空海より七歳の年長だ。そして、最澄は還学生《げんかくしょう》として唐に渡る。還学生というのは、すでに学業の成った者に短期の視察旅行をさせるためのものだ。したがって、空海がたんなる学生の海外留学であったのに対して、最澄のそれは東京大学の教授の視察旅行であった。それほどに格が違う。

まあ、無理もない。そのときは空海は無名の人であった。あわてて僧の資格をとったぐらいである。それに対して最澄は、すでに比叡山《ひえいざん》上に一乗止観院《いちじょうしかんいん》を建立し、桓武天皇の厚い帰依も受けていた高僧である。東京大学の教授と進学塾のアルバイト講師ぐらいの差がある。

その二人が、同じ年に遣唐使船団に乗って唐に渡った。ただし、一人は第一船で、もう一人は第二船。互いに相手を知らないでいる。

そして、七月六日に出航した四隻の船団は、翌七日に暴風雨にあって四散する。第四船は、そのまま消息を絶ってしまった。海の藻屑になったのだ。

第三船は、嵐に船をこわされ、仕方なく日本に帰国した。最澄の乗った第二船は、九月一日に明州寧波府《めいしゅうニンポー》に漂着した。空海の乗った第一船は、これも海上をただよったあげく八月十日にはるか南の福州長渓県《ふくしゅうちょうけい》の赤岸鎮《せきがんちん》（福建省霞浦県《かほ》）に漂着した。

ともかくも中国に着いたのは、空海と最澄の乗っていた二隻である。ひょっとしてこれが逆になっていたら（すなわち第一船・第二船が沈没し、第三船・第四船が唐に着いていたら）、その後の日本の仏教の歴史は大きく変わっていたであろう。われわれは歴史の偶然に感謝せねばならない。

日本と中国の外交関係

わたしは常に言っているのであるが、日本は海岸国であっても海洋国ではない。周囲を海に囲まれた島国のくせに、日本人は海を知らない。せいぜい海岸から見えるあたりの海に関心を寄せるだけで、広い大海に出て行こうとしない。造船技術もちゃちなもので、空海の当時の船は平底で波切りが悪く、風のないときや逆風のときは帆を下ろして、櫓《ろ》でこいでいたらしい。しかも当時の人々には季節風の知識がなく、わざわざ逆風の季節に出帆して難船した例も少なくなかった。

それから、遣唐使船のコースにも問題がある。日本から中国に渡る一番安全なコースは、難波（大阪湾）から筑紫大津浦《つくしのおおつのうら》（博多湾）に出て、壱岐《いき》・対馬《つしま》を経て朝鮮の西海岸を北上し、渤海湾《ぼっかいわん》を横断して山東半島に上陸するコースである。遣隋使船や初期の遣唐使船はこのコースをとっていたのだが、白村江《はくそんこう》の戦い（六六三年）によって、日本と対立関係にあった新羅《しらぎ》が朝鮮半島を統一すると、日本と朝鮮の国交が断絶し、このコースがとれなくなった。そのため遣唐使船は東シナ海を横断する危険なコースをとるよりほかなくなり、遣唐使船のうちには漂流したり、途中で沈没するものも多くなった。日本から中国に無事に渡れた確率は、だいたい六、七割だといわれている。三分の一は海の藻屑になったわけだ。

それでも、空海を乗せた船は、中国に到着できた。七月六日に出航して、八月十日に赤岸鎮に着いた。一か月余も漂流したのである。漂流の末、とんでもない南の福州に着いた。

そこは辺疆《へんきょう》の地であった。俗に「閩《びん》」と呼ばれる越《えつ》族の一派の閩越《びんえつ》人の土地。唐代になって漢民族が少し入って来た僻地《へきち》である。

だから、言葉も通じない。手まね、筆談で交渉したが、向こうは、「ここではだめだ。福州へ行け」と言う。それで船を福州に回した。福州に着いたのは十月三日。赤岸鎮に着いてから二か月もかかっている。日本を出てからは三か月後だ。

しかし、福州に着いても、福州の観察使（長官代理）は日本人を信用しない。大使の藤原葛野麿がいくら言っても、遣唐使船がこんな南の地にやって来たことなどこれまでついぞなかったことであり、それに国書も印符も持っていないのだから、向こうが信用しないのも当然だ。その結果、彼らは海賊と思われた。

日本の大使がなぜ国書を携行していないかに関しては、説明がいる。じつは、古代のアジア世界においては、貿易は、

——朝貢——

の形式で行なわれていた。中国周辺の諸国で、中国との外交を望む国は、中国の天子に貢物《みつぎもの》を持って行く。すると中国の天子は、さまざまな文物や回賜《かいし》（賜り物）を授与してくれる。返礼としていただける文物・回賜は、持って行った貢物を大幅に上回る。それで、その差額が実質的な貿易収入になるのである。

したがって、中国側からすれば、日本の遣唐使は、あくまで「朝貢」であって、唐

の王朝に臣下の礼をとってやって来るのだ。だが、日本側にすれば、それは困る。はっきりと臣下の礼をとることは屈辱であって、それはできない。

そこで、日本の遣唐使は国書を携行しないで行ったのだ。国書を携行していないから、日本側にすれば、正式な使節でないと言い逃れをすることができる。そういう姑《こ》息《そく》な手段が弄《ろう》されていたのだ。昨今の日本のアメリカ追随外交と同じである。

海賊にまちがわれた遣唐使一行

ようやく着いた福州で、日本人一行は海賊とまちがわれてしまった。大使は中国人の観察使と掛け合うが、いっこうに埒《らち》が明かない。その間の事情を、『御遺告』は次のように記している。

この間、大使越前の国の太守正三位《しょうさんみ》藤原朝臣賀能《あそんかどう》（＝葛野麿）、自ら手書を作って衡《こう》州の司に呈す。州司披《ひら》き看《み》て即ちこの文を以《もっ》て、すて了《おわ》んぬ。かくの如くすること、両三度。然りと雖《いえど》も船を封じ人を追つて湿沙《しっさ》の上に居らしむ。

日本の大使が提出する文書を、観察使は読もうとしない。ぽいと捨ててしまう。当然だ。日本人の書いた漢文など、読むに堪えない。しかも中国は文学の国だ。立派な文章を綴《つづ》れる者がエリートで、悪文しか書けぬ奴は海賊だ。かわいそうに日本の大使は海賊にされてしまった。

その結果、日本人は強制的に下船させられ、船は立入り禁止、彼らは湿沙の上、海岸べりの湿った砂の上に居れと言われたのである。三か月の船上生活に続いてのことだ。

泣くに泣けない気持ちとは、まさにこのことだ。人々は絶望の底にあった。

そこで空海の出番だ。

この時、大使、述べて云《いわ》く、切愁《せっしゅう》の今なり、抑《そも》そも、大徳〔＝空海のこと〕は筆の主なり、書を呈せよと云々《うんぬん》。ここに吾れ書様を作つて、大使に替《かわ》つて彼の州の長《おさ》に呈す。披《ひら》き覧《み》て咲《えみ》を含み、船を開き問を加ふ。（同前）

大使は空海に言う。非常事態だ。あれこれ言ってはおれん。おまえさんは文章がうまいそうだ。ひとつ嘆願文を書いてはくれんか。

たぶん大使は思い出したのであろう。日本を出る前に、空海について聞いたことを。彼は中国語を自由自在にあやつれる男である、と。それで大使は空海に頼む。

頼まれて空海は文章を書き、観察使に提出した。

空海の文書を見た観察使は、たちまち態度を変える。《抜《ひら》き覧《み》て咲《えみ》を含み》である。にっこり笑って、こちらを信用してくれたのである。

このとき、空海が書いた文章が『性霊集』(巻第五)にある。冒頭の部分を引用しておく。

賀能《かのう》〔藤原葛野麿〕啓《もう》す。高山澹黙《こうざんたんぼく》〔静かでもの言わず〕なれども禽獣《きんじゅう》労を告げずして投《いた》り帰《おも》く〔労をいとわずに集まる〕。深水言《ものい》はざれども魚龍《ぎょりょう》倦むこと憚《はばか》らずして逐《お》ひ赴《おもむ》く。故《かるがゆえ》に能《よ》く西羌《せいきょう》〔西方の蛮族〕険《けわ》しきに梯《かけはし》して〔けわしい山を越えて〕垂衣《すいい》の君〔有徳の天子〕に貢《こう》す、南裔《なんえい》〔中国の南方〕深きに航《ふなわた》しして刑厝《けいそ》の帝《てい》〔有徳の君子〕に献《けん》ず。誠《まこと》に是れ明《あきら》かに艱難《かんなん》の身《み》を亡《ほろぼ》すことを知れども〔山を越え海を渡る危険は、時に身をほろぼすことを知っているが〕、然《しか》れども猶命《なおめい》を徳化《とくか》の遠く及ぶに忘るる者（生命を捨てることを忘れて、遠くから天子の有徳を慕ってやってくる者）なり。

なるほど名文である。わたしなどは、注釈なしではとても読めない。注釈は『三教指帰・性霊集』（「日本古典文学大系」岩波書店刊）によった。こんな名文・美文が、空海にはすらすらと書けたのだ。海岸の湿った砂の上で空海はこれを書いた。中国人がびっくりしたのは無理もない。

その結果、観察使は、遣唐使一行のためにさまざまな便宜をはかってくれた。長《ちょう》安《あん》の都に連絡をとり、やがて入京が許された。

長安に入った遣唐使一行

一行に長安の都に入る許可が出たのは十一月三日であった。新年までに、残された日は二か月もない。福州から長安まで二千四百キロある。とすると、一日約五十キロの旅をせねばならぬ計算になる。

そもそも遣唐使が中国に派遣されたのは、唐の朝廷で行なわれる正月の儀式に日本の代表として出席し、皇帝に祝辞を述べるためである。だから、急がねばならないのだ。
十一月三日に福州を出発した二十三名は、十二月二十一日に長楽駅《ちょうらく》に着いた。そこで旅装を整え、二十三日に長安に入る。その翌日に貢ぎ物を朝廷に献上し、二十五日に天子に謁見する。まことにあわただしい日程であった。
藤原大使の報告書には、
《星に発《た》ち、星に宿し、晨昏《しんこん》兼行す》
とある。陽の昇る前に出発し、星を見てから宿舎に入る、昼夜兼行の旅であったのだ。
ところで、第二船のほうはといえば、九月一日に明州の寧波《ニンポー》府に着き、十一月十五日に長安に着いている。彼らは長安で、第一船の一行がやって来るのを待っていたわけだ。
その第二船には、最澄が乗っていたはずだ。しかし、最澄は長安には来なかった。彼は遣唐使一行と別れて天台山《てんだい》へ行った。そして天台山において、主として『法華経』の勉学をしている。

したがって、長安の地において、空海と最澄の出会いはなかった。二人が出会ったのは、日本に帰ってからである。

さて、空海は遣唐使の一行とともに長安にやって来た。最終的には空海は長安に来ることができたのだが、その前にちょっとした出来事があった。

というのは、福州において長安に上京を許されたメンバーの中に、空海の名前がなかった。当時の遣唐使は、中国に着くと、あとは中国政府の丸抱えである。滞在費用は全部中国政府が面倒を見てくれる。それで、入京を許すメンバーは中国政府が決めるのであるが、空海はそのメンバーから洩《も》れていたのである。

なぜか？　その理由について、学者たちはあれこれ憶測している。たとえば、空海の才能に惚《ほ》れ込んだ福州の観察使が、彼をそのまま福州に留め置いて、有能な秘書官として使いたかったのだろう、といった説がある。わたしは、昔は、これはきっと大使の藤原葛野麿の意地悪に違いないと考えた。日本の大使の書いた文章が、福州の観察使によって読まずにぽいされる。一方、空海の書いた文章が高く評価される。結果的に遣唐使一行は空海によって救われたことになるが、大使にすれば面目《めんぼく》丸つぶれである。それでもって、大使は、「なに、あの男はたんなる通訳であって、長安に連れて行く必要はありません」と、わざとメンバーから外れるように仕向けたのであろう。わたしは一九八四年に書いた『空海入門』の中で、そのような推測をしてみた。

しかし、いまはその説を放棄する。

なぜなら、空海は留学生である。長安に行くのは遣唐使であって、そこで年賀の儀に参列するのだ。留学生は、別段長安に行く必要はない。現に、最澄は長安に行かずに天台山に行っている。だから、空海も、自由にどこに行ってもよいのだ。長安に入京を許されたメンバーに空海の名前がなくても、別段気にする必要はない。それが現在のわたしの考えである。

しかし、空海その人は、長安に行きたいと思った。そう思った理由はあとで書くが、そこで空海は、

――福州の観察使に請《こ》ふて入京《じっけい》する啓《けい》――

という文書を急いで認《したた》めて、観察使に提出した。

その結果、空海も遣唐使一行に加えられ、長安に行くことができたのである。

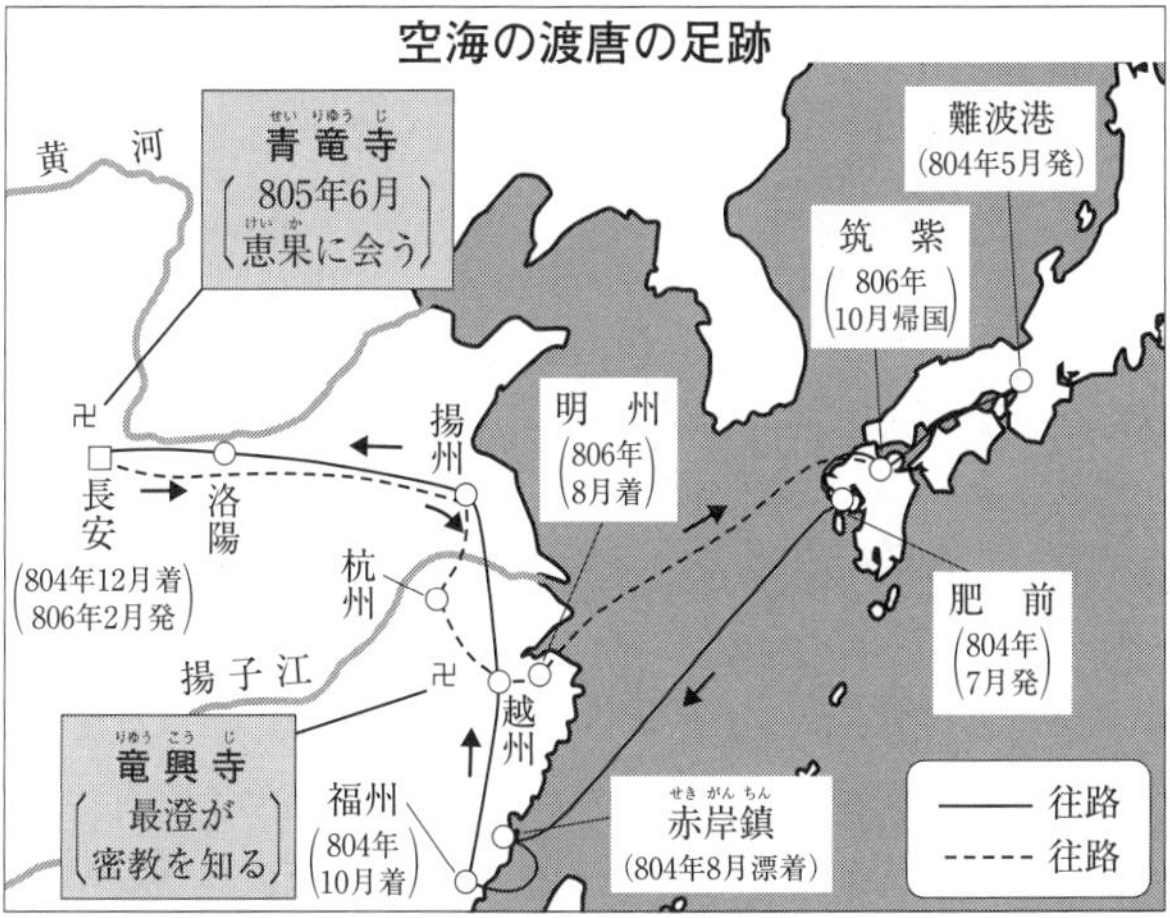

天竺行きを考えた空海

では、なぜ空海は長安に行きたいと思ったか……？

もともと空海が海を渡って唐に行ったのは、密教を学ぶためだ。

ところが空海は、どこかの時点でその志《こころざし》を変えている。と、わたしは思う。志を変えたといえば意志薄弱と思われそうなので、志を大きくしたと言っておこう。

空海は日本を出た直後、

〈本格的に密教を学ぶのであれば、唐よりも本場の天竺《てんじく》に行ったほうがよさそうだ。そうだ、唐に着けば、すぐに天竺に行こう〉

と考えた。資料的には何の裏付けもない勝手な想像であるが、わたしはそのように空想を逞《たくま》しゅうしている。空海というのは、それほどにスケールの大きい人物なのだ。

で、天竺、すなわちインドに行くためには、まず唐の都長安に行き、そこで準備万端を整えたほうがよい。そう考えて、彼は長安行きを志望した。

＊

それはそうとして、長安に入った空海の足跡を追いかけてみる。

密教を学ぶのが目的であれば、長安に入れば適当な師をさがして、その師から密教を教わればよい。長安の青竜寺《せいりゅうじ》には、中国各地からばかりでなく、東アジアの各地からの弟子が集まって来ているし、有名な恵果《けいか》（七四六―八〇五）がいる。さしずめこの恵果が、空海の師事すべき密教僧である。ところが空海は、いっこうに恵果を訪ねて行かないのである。

遣唐使一行が長安を出発して帰国の途についたのは、延暦二十四年（八〇五）二月十日。遣唐使一行がいたあいだは、空海は遣唐使の宿舎である宣陽房にいたが、一行の去ったあと、空海と橘逸勢《たちばなのはやなり》の二人の留学生は、その宿舎である西明寺《さいみょうじ》に移った。そして空海は、長安の都を隅から隅まで歩きまわる。

当時、長安の都には、ネストル派やマニ教、あるいは拝火教の寺院や礼拝所が数多くあった。知的好奇心の旺盛な空海は、それらの寺院にずかずかと入り込んで、あれこれ質問し、それらの宗教の教えがどのようなものかを学んでいたらしい。

さらに空海は、サンスクリット語の勉強を始めている。

そのころ長安には、北インド出身の般若三蔵《はんにゃさんぞう》と牟尼室利《むにしり》三蔵の、二人のインド人がいた。空海はこの二人から、サンスクリット語や婆羅門《ばらもん》教を学んでいる。

何のために……？　サンスクリット語は、インドにおいて釈迦仏が使っておられた言語である。実際をいえば、釈迦が喋っていた言語は、マガダ語に近い地方方言であってサンスクリット語ではなかった。だが、それは近年の学問研究の結果分かったことであって、空海の時代の常識ではない。空海の時代でいえば、サンスクリット語が釈迦の言葉なのである。

それ故、サンスクリット語をマスターせねばならぬ、と空海は考えた。いや、わたしの想像では、空海はインドに行きたかったから、インドの言葉であるサンスクリット語をマスターしようとしたのだ。そのために般若三蔵と牟尼室利三蔵に師事して、サンスクリット語の学習を始めたのであった。

4 密教を完成させる空海

空海はなぜ恵果を訪ねなかったか?

にもかかわらず、空海は青龍寺に恵果を訪ねて行った。

空海が青龍寺の門を叩いたのは、延暦二十四年(八〇五)の五月の下旬か六月の上旬である。その年の二月十日に遣唐使一行が長安を去ってから、約三か月間、空海は恵果に会おうとしなかったのである。空海が長安に入ってからだと、五か月にもなる。密教を学びたいのであれば、何は措《お》いてもまず会わねばならぬ恵果に、三か月以上も会おうとしない空海。それはなぜか……? 説明が必要だ。

わたしに言わせれば、空海は天竺に行くことを考えていたのだから……ということで説明がつく。

しかし、そうは考えない学者たちは、それを「演出」と見るのである。

空海がいきなり恵果を訪ねて行っても、門前払いを食らわされることも考えられる。だから空海は、まず周辺部において自分の名を高めておいた。そして、恵果のほうで、最近とみに評判の高い日本人留学生《るがくしょう》のやって来るのを鶴首《かくしゅ》して待つ。そういう状況をつくった上で、空海は青龍寺に乗り込んで行った。そう見ている人が多い。

たとえば、『空海の風景』を書いた司馬遼太郎《しばりょうたろう》がそうだ。

人々がそう見るのは、空海自身が書いた『御請来目録《ごしょうらいもくろく》』に、彼と恵果の出会いが次のように記されているからである。

和尚、乍《たちま》ち見て、笑《えみ》を含み、喜歓して曰《いわ》く、我、先《まえ》より汝の来るを待つや久し。今日相見る、大好《はなはだよ》し、大好し。

〔恵果和尚はわたしに会うと、にっこり笑って言った。「わたしはそなたの来るのを久しく待っていた。今日、会うことができた。いいことだ、いいことだ」〕

なるほど、これで見ると、恵果は空海の来訪を鶴首して待っていたのがよく分かる。しかし、恵果がそう言ったのは、空海と会ったその瞬間ではなかったとしたほうがよい。二、三日、じっくり話し合った末で、恵果は、

「そなたのような人物がやって来るのを待っていたよ」

と言った、と読んだほうがよい。一目見た瞬間に相手の人物を見抜くこともあるか

もしれないが、それは見抜かれた人物が大物だったからではない。見抜いた人物が大物なのだ。出会った瞬間に恵果がこれを言ったのだとしたら、それは空海の傑物《けつぶつ》を証するものではなく、恵果の傑物を語るものだ。多くの研究者は、その点を勘違いしている。

それと、恵果の許《もと》には、東アジアの各地から多くの弟子が集まっていた。インドネシアや朝鮮半島、あるいはチベットに近い所から来た者もいる。恵果は、やがて日本からも誰かが来ることを待っていたとも考えられる。

したがって、空海がすぐさま恵果を訪ねて行かなかったのは、彼の「演出」ではなかった。そもそも空海は、そのときはまだ無名の人物だ。われわれはのちに高僧となった空海を前提にものを考える傾向があるが、それはやめたほうがよい。最澄であればともかく、日本においてさえ名の知られていない空海が、長安の都でたった数か月の「演出」をやってのけたぐらいで、有名人になれるわけがない。司馬遼太郎は作家であるから、書きたい放題に書いてもよいが、学者までがそれに引きずられてはいけない。空海が恵果を訪ねて行かなかったのは、彼が天竺に行くことを考えていたからである。わたしはそう考える。

「梵我一如」の哲学

そうだとすると、わたしには、空海がなぜ恵果を訪ねて行ったか……を説明する責任が生じる。つまり、空海は、なぜ天竺行きをあきらめたか？　それを説明せねばならないのだ。

答えは簡単だ。空海は、般若三蔵と牟尼室利三蔵に師事してサンスクリット語と婆羅門教の哲学を学んでいるうちに、密教がいかなる仏教か、その本質を見抜くことができたのである。わたしはそう思う。

密教はむずかしい。秘密仏教だからむずかしい。

しかし、前に述べたように、その秘密は、大日如来がわれわれにわざと真理を隠して教えないのではない。大日如来はあっけらかんと真理を啓示している。だが、大日如来は宇宙の仏だから、大日如来の語る言葉は宇宙語である。われわれにとって宇宙語はまるで暗号である。だから、秘密になるのだ。

しかし、暗号であれば、それを解読するコード・ブック（暗号解読表）さえ手に入れれば、大日如来の言葉はすらすらと理解することができる。空海は、そのコード・

ブックを手に入れたのだ。

だが、この場合、コード・ブックを普通の意味での解読表と思えば失敗する。たとえば、Cはア、Oはン、Dはゴ、Eはウと決めて、CODEをアンゴウと訳す。それが普通の解読法である、そのようにいちいち翻訳していたのでは、大日如来の宇宙語は理解できない。大日如来の言葉は、それをそのまま聞くのである。翻訳しないで聞く。それが大日如来の言葉の理解の仕方である。

そのことは、わたしは、すでに言っておいた。われわれはすでに仏なのだ。仏の赤ん坊である。赤ん坊は父や母に甘えていれば、そのうちいつか父や母の語る言葉が理解でき、自分でもそれを語れるようになる。

これが密教である。密教というのは、そんな簡単な原理でもって構築されているのだ。

では、空海はいかにしてこれに気づくことができたか？

空海は、インド人から、婆羅門教の哲学の、

——梵我一如《ぼんがいちにょ》——

を教わったからである。わたしはそう考える。

インド哲学において、「梵」というのは、ブラフマンであって、これは宇宙原理である。「我」はアートマンで、個人原理。宇宙原理からのまま個人原理、個人原理がそのまま宇宙原理だというのが、「梵我一如」である。

ちょっと考えると分かることだが、この「梵我一如」はまったくあたりまえである。宇宙を構成する元素と、われわれの肉体を構成する元素は、量の大小はあっても質の差はない。まったく同一の元素でもって構成されているのだから、宇宙原理と個人原理は一致するのである。

後年の空海は、『即身成仏義《そくしんじょうぶつぎ》』の中で次のように言っている。

六大無礙《ろくだいむげ》にして常に瑜伽《ゆが》なり。

〝六大〟というのは、地・水・火・風・空・識の六つの構成要素である。古代のインド人は宇宙は地・水・火・風の四つの構成要素（四大）でもって存在していると考えた。のちにこの四大に空を加えて五大にし、密教ではさらに識（精神的要素）を加えて六大とする。

この六大が自由自在に融通して障《さわ》りがなく、しかも瑜伽されている。つまり、統一され、一如になっている、というのが「六大無礙にして常に瑜伽なり」である。それは「梵我一如」であり、あるいは現代的表現でもってすれば、マクロコスモスとミクロコスモスの一致・調和である。われわれはこれを、密教的に、

――仏凡一如――

と呼ぶことにしよう。仏がそのまま凡夫《ぼんぷ》であり、凡夫がそのまま仏である。空海は、それに気づいたのだ。

大日如来からの加持力

さて、そうであれば、われわれは何もじたばたしたり、あくせくする必要はない。顕教のように、仏を目指して激しい修行をする必要はなく、われわれは凡夫でありながらすでに仏なのだから、仏に甘えてゆったりと歩いて行けばよい。

そこのところを、密教経典である『大日経』は、

《菩提心《ぼだいしん》を因とし、大悲を根とし、方便を究竟《くきょう》とす》

と言っている。菩提心とは、悟りを求めようとする心である。その気持ちさえあれ

ば、それが因となって、自然に大悲、すなわち慈悲の心が出てくる。菩提心という種《たね》から、慈悲心という根が出てくるのだ。そしてわれわれは、そのまま成長を続けるとよい。〝方便〟という語は、サンスクリット語の〝ウパーヤ〟の訳語として使われており、これは「歩む」「近づく」といった意味である。種（菩提心）があれば自然に根（大悲）が出て、そして自然に成育する。『大日経』はそう言っている。密教には、難行・苦行といったものはない。ごく自然な成長である。

では、なぜそのような自然な成長ができるのか？　それは加持《かじ》力による。〝加持〟といった語は、サンスクリット語の〝アディシュターナ〟の訳語であり、「加被」「加護」といった意味である。しかし、空海はこの語を〝加〟と〝持〟に分解して、次のように言っている。

> 加持とは、如来の大悲と衆生の信心とを表わす。仏日《ぶつじつ》の影、衆生の心水《しんすい》に現ずるを加と曰《い》い、行者の心水、能《よ》く仏日を感ずるを持と名づく。（『即身成仏義』）

〔〝加持〟といった語は、大日如来の大慈大悲の心と、衆生の信心（菩提心）をいったものだ。太陽のごとき大日如来の光が、水のごとき衆生の菩提心に現われるのを〝加〟といい、水のごとき衆生の菩提心が、大日如来の太陽の光を受けとめて感ずるのを〝持〟という」

このように、われわれは菩提心、仏に向かって歩もうとする志さえ持っていれば、そこに大日如来の力（加持力）が加わってくるのだ。それ故、これは広い意味での他力である。

しかし、密教が他力だといえば、やや見当違いである。密教は自力と他力といった考え方をしないで、「三力」を説く。三力とは、行者自身の自力の修行である「功徳《くどく》力《りき》」と、大日如来から加わる「加持力」と、環境の力ともいうべき「法界力《ほっかいりき》」である。われわれが功徳を積んでいると、それに大日如来が応じてくださり、さらに全世界、全宇宙からの無形の力が加わる。密教ではそのように考えている。

それを知った上で、密教は他力的であるというのは正しい。自力の仏教ではないのである。

身・口・意の三密

もう十分長い解説になっており、ひょっとしたらむずかしい密教理論でもって読者を悩ませているのではないかと心配であるが、あと一つだけ言っておきたい。ともかく空海は、彼独自の密教理論を完成させた上で恵果に会いに行ったのだから、われわれも空海が考えていたことを、あらましは知っておかねばならないからである。

密教が「仏凡一如」の理論の上に築かれている宗教であれば、われわれはその「仏凡一如」を完成させねばならない。早い話が、われわれは仏の赤ん坊であり、まだまだ仏と遠く離れている。その仏と離れた自分を、なんとかして仏に近づけねばならない。それにはどうすればよいか？

ここで、われわれは仏になるために努力すべきだ――などと言ってはならない。それだと「成育」ではなくなってしまう。植物を無理に引っ張るとちぎれてしまう。苦行的な努力は密教の嫌うところである。

密教が教えるのは、じつは、

――入《にゅう》我《が》我《が》入《にゅう》――

である。これは、「仏入我、我入仏」と読んだほうがよい。仏が我れの中に入って来て、そして我れ、仏の中に入る。繰り返し繰り返し、「仏入我、我入仏」を続けていると、ついにはわれわれは仏と合一できる。それが理想の境地なのだ。

では、この理想の境地に到達するために、われわれはどうすればよいか？　理想の境地にはなかなか到達できぬだろう。しかし、到達できないまでも、少しでもそこに近づくことはできる。そのための方法は何か？

それは、仏のまねをすることだ。

あるいは、仏らしく生きるといってもよい。

前に言ったように、目が覚めたらブッダになっているのだから、そのまま一日をブッダらしく生きるのである。もちろん、われわれは赤ん坊の仏だから、途中で失敗をする。それでも、翌日また、仏らしく生きるとよい。仏のまねをして生きるのだ。

その際、密教では、

——身《しん》・口《く》・意《い》の三密——

といって、われわれ凡夫の身体的行動と言語の行動、そして心の働きの三つを仏のそれと一致させることを考える。具体的には、

身密……手印《しゅいん》（印相《いんぞう》・印契《いんげい》ともいう）を結ぶ、
口密（語密ともいう）……真言を読誦《どくじゅ》する、
意密（心密ともいう）……本尊の観想を行なう、
のである。これは象徴的行動というべきであろう。仏の身・口・意の働きはわれわれには窺知《きち》できない。だからそれは「密」なのだ。そこでわれわれは、仏が手に結んでおられる手印を結び、仏の言葉である真言を唱え、仏を観想する。そういうシンボリック（象徴的）な行を通じて仏と一体化しようとするわけだ。
これは、密教行者のする行法であり、テクニックである。われわれ一般人からすれば、
身体的行動としては……仏らしい行動をし、
言語活動としては……慈悲の言葉を口にし、
心においては……小欲知足でいる、
ことを心掛ければよい。そうすると、われわれに自然に大日如来の力が加わってくる。そして、より仏らしくなることができるのだ。
このようなことを空海は考えた。彼はこれが密教の基礎理論であることを確信した。

そうすると、もはや天竺に行く必要はない。天竺に行かずとも、彼は密教を完成させたのである。

ただし、理論は完成しても、行法（修行の方法。テクニック）については、皆目分からない。どのように印を結べばよいか、いかなる真言を唱えるか、本尊をどのように観想するか、については誰かに教わる必要がある。

そこで空海は、その行法を学ぶために、当時、中国において密教の第一人者とされている恵果を訪ねて行った。行法であれば、わざわざ天竺まで行かなくても、中国において学ぶことができるのだから。

恵果から灌頂を受ける

密教では、師を〝阿闍梨《あじゃり》〟〝大阿闍梨〟と呼ぶ。これは、サンスクリット語で「師匠」を〝アーチャーリヤ〟と呼ぶのを音訳したものである。空海は、青龍寺に恵果大阿闍梨を訪ねて行った。

やって来た空海の力量を、恵果はすぐさま見抜いた。空海自身が書いているように、恵果は一目見た瞬間に、

「そなたの来るのを待っていた」

と言ったかどうか、そこは表現の綾《あや》である。しかし、一両日もすれば、相手の力量がどれぐらいか、阿闍梨には分かる。恵果はやって来た外国人が「只者《ただもの》」ではないと直感し、

〈この人は自分の後継者にふさわしい〉

と思ったであろう。そこですぐさま空海に灌頂《かんじょう》を受けさせた。

灌頂というのは、もとはインドで、王が即位をするときに行なわれた儀式である。頭に水をそそぎかける。キリスト教の洗礼のようなものだ。顕教においては、仏弟子となるときに受戒の儀式が行なわれるが、密教ではこの灌頂が行なわれる。

ところで、密教には二つの系統がある。詳しいことは省略するが、一般にそれを、

――金剛界《こんごうかい》と胎蔵界《たいぞうかい》――

と呼んでいる。もっとも、空海は後者を〝胎蔵〟と呼んだのであるが、のちにこれを〝金剛界〟に引きずられて〝胎蔵界〟と呼ぶようになった。もともと金剛界と胎蔵界は別々に伝えられていたのだが、それが恵果によってまとめられて、両者が統合されたのである。

さて、空海が青龍寺に恵果を訪ねて行ったのが延暦二十四年（八〇五）の五月の下旬。ひょっとすれば六月の上旬であったかもしれない。ところが空海は、

六月十三日に……胎蔵界の灌頂を受け、

七月上旬には……金剛界の灌頂を受けている。

さらに驚いたことには、

八月十日には……阿闍梨位の伝法灌頂を受けた。

阿闍梨位とは師匠になったことだ。卒業証書の授与だと思えばよい。わずか二か月あまりで、空海は恵果からすべてを学んだのである。超スピードである。空海の天才を物語っている。

それから、もう一つおもしろいことがある。胎蔵界と金剛界の灌頂に際しては、弟子は目隠しされたままそれぞれの曼荼羅《まんだら》に向かって樒《しきみ》を投げる。曼荼羅とは、仏・菩薩《ぼさつ》・明王を集めて図示したものである。胎蔵界曼荼羅には四一四尊が、金剛界曼荼羅には一四六一尊が描かれている。樒は、そこに描かれたいずれかの仏・菩薩・明王の上に落ちる。その樒が落ちたところの仏・菩薩・明王が、その人の守り本尊となる。

恵果は師匠の不空《ふくう》から灌頂を受けたとき、転法輪菩薩《てんぽうりんぼさつ》の上に樒が落ちたという。そ

れで不空は、弟子の恵果が自分の後継者となって法輪を転じてくれる、すなわち密教の宣布をしてくれる人物だと、大いに喜んだと伝えられている。

ところで、空海の場合は、樒は二度とも大日如来の上に落ちた。

偶然とはいえ、非常に珍しいことである。

それで空海は、恵果から〝遍照金剛《へんじょうこんごう》〟といった灌頂名を授かっている。〝遍照金剛〟とは大日如来の別名である。

「唯仏与仏」の世界

われわれは、恵果から空海への密教の伝授が、あまりにも超スピードであったことに驚かされるのであるが、よく考えてみるとこれは当然のことなのだ。なぜなら、空海は、密教というものが何であるか、すでにその理論を知っていた。理論（教相）をしっかり摑んだ上で、恵果阿闍梨から事相（テクニック）を教わっているからだ。

したがって、これは恵果に対してちょっと失礼な言い方になるかもしれないが、教相に関してはむしろ空海が師となって恵果に教え、事相に関してだけ空海が弟子となって恵果から教わる。そういう珍しい師弟関係がそこに展開されていたとも考えられる。

その辺のところを、ちょっと小説風に、想像を逞《たくま》しゅうしながら書いてみよう。

恵果「よいかな、密教には身・口・意の三密加持というのがある。行者は、まず身密である印契《いんげい》を結ばねばならぬ」

空海「密教というのは、われわれ凡夫が仏のまねをして生きる、そういう生き方を教えた仏教です。しかしながら、大日如来は宇宙の仏であって、われわれの目に見える存在でありません。われわれ凡夫の行動であれば、その行動は目に見えるから、それを〝業《ごう》〟といいます。しかし、大日如来のそれは目に見えないから、それは〝密〟になります」

恵果「なるほどのう……。われわれ凡夫のは〝身業〟で、大日如来のそれは〝身密〟になるわけか」

空海「そうです。大日如来の身密はわれわれの目には見えないから、それを印相に代表させるのです。印相は如来の身密を象徴的に表現したものです。われわれは印相を結ぶことによって、そこを入口として如来の身密と合一するのです」

恵果「よく分かった。そこでその印相であるが、印母《いんも》となる印相には、六種拳《りくしゅけん》と十二合掌がある」

そして恵果は、印相を細かく空海に教える。その印相のうちには、公開されずに師から弟子へと極秘に伝えるものがある。だから文献では学べない。空海は阿闍梨から教わるよりほかないのである。

恵果「ところで、次に真言・陀羅尼であるが、これはどういうものか……？」

事相が終わると、今度は恵果が空海の弟子となる。彼は率直に、空海に質問する。するとと空海がそれに答えるわけだ。

空海「真言・陀羅尼は如来の口密です。如来の語られる言葉です。われわれ凡夫はそれを唱えることによって、如来と合一することができるのです。したがって、真言・陀羅尼は訳さずに梵語《ぼんご》のまま唱えねばなりません。訳せば、それは口密でなくなり、口業になってしまいます」

恵果「いや、よく分かった。そこでまず大日如来の真言であるが、金剛界だとそれは〝おんばざらだとばん〟である……」

そのような教授風景であった。

『法華経』といった大乗経典には、

――唯仏与仏《ゆいぶつよぶつ》――

といった言葉が出てくる。「ただ仏と仏が」という意味。すべてのものの真実のありようは、ただ仏にしか分からず、仏が仏に伝えるよりほかない、ということだ。恵果と空海はまさにそれであった。仏と仏が向き合って、密教の奥義を伝え合っているのだ。それこそが曼荼羅世界の風景であると思われる。

恵果の入寂

優秀なる弟子に、すべてを伝授した安心感からであろうか、その年の十二月十五日に恵果は寂《じゃく》した。享年六十。

わずか半年間ばかりの師弟関係であった。もし空海が恵果を訪ねるのがもう少し遅れていたら、空海はどうなっただろうか？　そして、日本の仏教はどうなったか？　大きく変わっていたことだけは断言できる。

さて、師の恵果は、死の直前、空海に次のように語っている。これは、空海が帰朝して朝廷に提出した報告書である『御請来目録』にある記述である。原文は省略して、『弘法大師空海全集』（第二巻。筑摩書房）の真保龍敞《しんぽりゅうしょう》氏の訳文によって紹介する。

恵果和尚が私に次のように言いました。

「私は昔、たれ髪で歯のぬけ変わるころ、初めて不空三蔵に会った。三蔵は私を一目みてから、ひたすらわが子のように可愛がってくれた。実家に行くときも、寺に帰っても、影のように私に離れなかった。ひそかに私に次のように言った。『おまえは密教の器《うつわ》だ、努力しなさい、努力しなさい』と。両部の大法と秘密の印契《いんげい》は、こうして学び得た。他の弟子、或いは出家したもの、或いは在俗のものも、一部の大法を学んだり、一尊一契を得たものはいたが、両部にわたり、兼ねつらぬいて得た者はいない。

師の恩の山よりも高く、海よりも深いのに報いたいが、夏の空のように高く極まりがない。今、この世の緑も尽きようとしていて、久しく留まることはできない。よろしくこの両部の大曼荼羅と、百余部の金剛乗の法と、不空三蔵から転じて付嘱された物と、供養の法具などを本国に持ち帰って、教えを国中にひろめて欲しいのです。ただわずかにそなたが来たのをみて、寿命の足らないことを恐れていました。しかし、今、ここに法を授けることができました。写経や造像の作業も終了したので、早く本国に帰って、この教えを国家に奉呈し、天下にひろめて、人びとの幸せを増すようにしなさい。そうすれば、国中平和で、万人の生きる喜びも深くなるでしょう。

　これこそ仏の恩に報い、師の徳に報いることであり、国のためには忠、家には孝となるのです。

　義明供奉《ぐぶ》はこの国に教えを伝えよう。そなたはさあ帰ってこの教えを東国（日本）に伝えなさい。一生懸命つとめなさい」と。

　付法は誠に殷懃《いんぎん》に、こうして遺誨《ゆいかい》もおわりました。（恵果和尚は）去年十二月十五日、蘭の香も芳《こうば》しい湯に垢《あか》を洗い清め、手に毘盧遮那《びるしゃな》の法印を結んで、右脇に体を横たえてなくなりました。この日の夜、道場において冥福を念じていると、恵果和尚がさながらに私の前に立って次のように告げました。「わたしとそなたとは久しい契《ちぎ》りと約束があって密教を弘めることを誓い合ったので、わたしは東国（日本）に生まれ変わって必ずそなたの弟子となろう」と。

　くわしい言葉は、これ以上は煩わしく述べませんが、恵果阿闍梨からの付嘱と受法の由《よし》はだいたいこのようなものでありました。

だいぶ長い引用になった。しかしこれで、恵果がいかに空海を信頼していたかが分かるはずだ。文中に出てくる義明供奉《ぐぶ》は、恵果の中国人の弟子である。彼が中国に密教を広宣流布し、おまえ（空海）は日本に密教を伝えよ。恵果はそう空海に伝えたのだ。

そして入寂した。

翌年、大同元年（八〇六）正月十七日に、空海は故恵果阿闍梨の碑文を撰す。恵果の弟子が千人以上もいる中で、いちばん最後に異国から来た弟子が選ばれて、恩師の追悼の文を起草し、揮毫《きごう》したのである。いかに空海が優《すぐ》れた弟子であるか、これでもって証明される。

5 帰ってきた空海

空海の帰国

空海は帰国を考えた。

師の恵果は亡くなってしまったし、中国にいて空海のすることは何もない。そもそも天竺行きはとっくの昔に放棄していた。それなら、師の恵果の遺命でもある、日本に帰っての密教の広宣流布に尽瘁《じんすい》すべきだ。空海はそう考えた。

しかし、空海は留学生《るがくしょう》だ。留学生は二十年間を中国に留まって、しっかりと中国の文化を学ぶことになっている。空海が長安に入ったのは延暦二十三年（八〇四）十二月。翌年の十二月に師の恵果が入寂し、その次の年の延暦二十五年（八〇六）にその師の葬儀が終わった。長安に入ってからわずか一年そこそこである。二十年の留学生が帰国を考えるようでは、いくらなんでも早すぎる。明らかに契約違反である。けれども、空海という人は、そんなことはまったく気にしない。帰りたくなれば、さっさと帰る。契約違反に対する釈明なんて、あとからいくらでも考えられる。ひょっとすれば、前章で読んだ『御請来目録』にある恵果の遺言――そなたは早く日本に帰って、密教を弘めよ――も、空海の創作かもしれない。「これは師命であるから、わたしはそれに従って帰国しました」と、空海は師の命令なるものをこしらえあげた。そういう可能性もなきにしもあらずだ。そこまで疑えば切りがないが、空海という人、あんがいそれをやってのける人物である。

とてもとてもスケールが大きいのだ。彼は自分のしたいようにやり、またそれが許されるのである。

さて、空海が帰国を考えた延暦二十五年の正月には、遣唐判官の高階遠成《たかしなのとおなり》が長安にやって来ていた。わたしは、空海の在唐がわずか二年ばかりだから、中国の元号は使わずにずっと日本の元号で通している。ところで、この延暦二十五年の五月十八日には改元があり、大同元年となる。だから、本によってはこの年を大同元年としているものもあるが、正しくは延暦二十五年である。

空海は、高階遠成に帰国の嘆願書を提出した。

同時に、彼と一緒に中国に渡った橘逸勢《たちばなのはやなり》の嘆願書も代筆してやっている。橘逸勢も留学生であったが、どうも中国語がよくできないので帰国したいと思ったのだ。

かくて、空海および橘逸勢は、延暦二十五年の二月下旬に長安を出発し、四月には越州に着いた。空海はすでに長安において三百巻の経典論書を手に入れているが、この越州においても彼は精力的に文献を収集している。彼が集めた文献は、仏教書ばかりではなしに、工学・医学・論理学など、広範囲に及んでいる。彼の関心の広さと知識によるものだ。

そのあと、空海は越州から明州に移動し、たぶん八月の下旬に空海を乗せた船は明州を出帆し、十月のうちに日本に着いた。詳しい日付は分からない。いずれにしても改元のあとであり、それ故、空海の帰国は大同元年ということになる。

日本に最初に密教を伝えたのは最澄

ところで、空海は明州の寧波《ニンポー》で帰国の船に乗る前の三、四か月間、越州にいたのであるが、その越州では、たぶん竜興寺の順暁《じゅんぎょう》に会っているはずだ。順暁は不空の弟子で、空海が師事した恵果も同じく不空の弟子である。したがって、恵果と順暁は兄弟弟子ということになる。なお、空海が不空の生まれ変わりだとする伝説のあることは、すでに1章に述べておいた（二八ページ参照）。

この順暁について、ここで語っておかねばならないことがある。

空海が順暁と会ったか否か、文献的には確かめようがないのであるが、しかし、のちに空海のライバルとなる最澄は、その一年前の四月に、越州の竜興寺で順暁から密教の灌頂を受けているのである。こちらのほうは疑いようのない事実である。

還学生《げんがくしょう》の最澄は、前述したように、船が中国に着くと、長安に行かずにさっさと天台山に向かった。そして、延暦二十四年（八〇五）六月に、遣唐使の一行とともに日本に帰り、七月には朝廷に復命している。最澄を送り出した桓武天皇は喜んで彼を迎えている。

その最澄が、帰国の船を待つあいだに、順暁から密教の灌頂を受けたのだ。最澄の渡唐の目的は、天台教学の完成であり、そのために彼は天台山に行った。だから、密教は付け足しである。ところが、桓武天皇は、天台教学はそっちのけにして、密教のほうに魅力を感じた。そのころ、桓武天皇は病気が重く、それに何より怨霊《おんりょう》に悩まされていた。早良《さわら》親王の怨霊である。それで桓武天皇は、密教の教学よりも、その呪《じゅ》法《ほう》に関心を示したのであった。

ここのところは十分に注意せねばならない。巷間では、密教をおどろおどろしいもの、ちょっといかがわしいものと受け取られているようだが、それは密教のうちの呪法や祈禱が前面に出ているからだ。前に言ったように、密教には教相（理論）と事相

（テクニック）の両面があり、教相を欠いた密教はテクニック中心になり、いかがわしいものになる。最澄の密教は、ほんのちょっとテクニック（事相）だけを学んだ、不完全なものである。もちろん、最澄は、自分の密教が不完全であることを知っていた。彼は良心的な人である。けっして不完全なものを売り込もうとはしなかった。だが、不幸なことに、桓武天皇が密教の呪法に関心を寄せ、灌頂をやれと命じた。勅命であるから、最澄は従わざるを得ない。

最澄が帰国してから二か月もたたない、延暦二十四年九月一日、和気《わけ》氏の氏寺《うじでら》である高雄山寺《たかおさんじ》において、最澄を阿闍梨とするわが国最初の灌頂が行なわれた。これには、奈良の高僧たちも参加している。なかには無理矢理参加させられた者もいたはずだ。

それから、翌年の延暦二十五年正月に、天台宗に二人の年分度者《ねんぶんどしゃ》が置かれた。年分度者というのは、その年に出家することのできる僧の定員数であるが、それまでは奈良の六宗に全定員が割り振られていたものを、枠を増やして天台宗にも二名の定員があてられることになったのだ。最澄にすれば、二名の定員には天台教学を学ばせたいのだが、それを桓武天皇の命によって、一名は遮那業《しゃなごう》といって密教教学を学ばせることになった。それだけ桓武天皇は密教に惚れ込んでいたのだが、最澄にすれば迷惑なことであった。そうわたしは推測する。

それはともかく、わが国に最初に密教を伝えたのは最澄であって、空海ではない。そのことははっきりしている。

もっとも、空海は、越州において、最澄がすでに密教の灌頂を受けたことを聞いたかどうか、その点は不明である。

朝廷の処遇が決まらない

では、空海に話を戻す。

この人、ときどき行方不明になる。放浪癖があると言うべきか。若いころの空海は、山野を跋渉《ばっしょう》し、あちこちを放浪したらしいが、日本に帰って来た空海も、また行方が分からなくなった。

帰国した空海は、大同元年（八〇六）十月二十二日付で、『御請来目録』を朝廷に提出した。一緒に帰国した遣唐判官の高階遠成が上京するので、彼に届けてもらった。空海自身は、筑紫《つくし》で朝廷からの沙汰《さた》があるのを待っている。

その『御請来目録』の最初に、

空海、闕期の罪、死して余りありと雖《いえど》も竊《ひそ》かに喜ぶ、難得《えがたき》の法生きて請来せることを。一懼《いっく》一喜の至りに任《た》へず。

〔空海、二十年の留学期間を満了しなかった罪は、死しても余りありますが、ひそかに喜んでおりますのは、得がたき法を生きて請来したことです。それ故、一方ではおそれ、一方では喜んでおります〕

と、空海は書いている。どうも研究者は、空海のこの《闕期の罪、死して余りあり》といった表現に振り回されているようだ。留学期間を満了せずに二年で帰国したことは、死罪に相当する。だから、空海は、じっと筑紫で処分を待って謹慎していた。と、そう読んでしまうのだ。

でも、それはおかしい。もしもそれが死罪に相当するものであれば、遣唐判官の高階遠成が空海を日本に連れ帰ってくるはずがないからである。だいたいにおいて空海はネイティヴな漢語表現をする。現代の中国語で〝死罪、死罪（スーツイ、スーツイ）〟といえば、これは「申しわけありません」の意味だ。とすると、空海が言っているのは、

「そりゃあね、契約違反については申しわけありませんが、その代わりなかなか手に入れることのできない経典や仏具を持ち帰ったのだから、文句はないでしょう。いや、褒めてくださいよ」

ということになる。わたしは、『御請来目録』はそう読むべきだと思っている。

そう思って『御請来目録』を読むと、なるほど空海が持ち帰ったものは多彩である。新しく訳された（ということは、これまで日本に伝わっていなかった）経典が百四十二部二百四十七巻、そのほか梵《ぼん》字真言讃、論疏《ろんそ》など、また仏像や曼荼羅、仏具なども、いっぱい持ち帰っている。

〈どうだ！　文句はないだろう！〉

といった空海の自負心、わたしにはよく分かる。

だから朝廷が空海を処罰するはずがない。

けれども、空海の処遇に関しては、いささか問題がある。

空海が二十年の留学期間を満了して帰って来れば、それにふさわしいポストを与えることができる。しかし、途中で帰って来たのだから、朝廷にすればどの程度のポストを与えてよいか、判断に困る。それで空海の処遇がしばらく決まらなかったのである。

そうすると空海のほうでは、自分の処遇を朝廷が困っているのをいいことに、勝手な山歩きを始めた。処罰を待って謹慎していたのではない。謹慎中だと、自由な放浪は許されない。処遇が決まらずに、いわば浪人中であったから、空海は自由に動けたのだ。わたしはそのように推理している。

高雄山寺に入る

空海が再び京に入ったのは、大同四年（八〇九）七月である。空海の帰朝は大同元年十月であった。そして、翌年の二月ごろは、彼はまだ筑紫にいたことが分かっているから、約二年間、彼の消息は不明である。その二年間を、空海は山野を彷徨《ほうこう》していたと想像される。

彼は深山幽谷の大好きな人間である。中国にいたあいだ、彼は山野を跋渉できなかった。それで帰国するや、空海は山歩きを始めたのであろう。

たぶん彼は、若き日に徘徊《はいかい》した山々を歩き回ったと考えられる。

阿波《あわ》の大滝岳《だいりゅうがだけ》
四国最高峰の石鎚山《いしづちやま》。

大和《やまと》の金峯山《きんぷせん》。

そして、ここに高野山を加えておこう。

そのほか多数の山々を、彼は登った。

山の霊気がじんわりと空海の肌から染み込む。

彼は再びパワーを回復した。

そして、大同四年に、空海は和泉国《いずみのくに》の槙尾山寺《まきのおさんじ》に入った。

じつは、空海の入京を許す、大同四年七月十六日付の太政官符が現在も残っており、その太政官符は和泉国司を通じて槙尾山寺にいる空海に届けられている。それでこのとき、空海が槙尾山寺にいたことが証明されるのである。つまり、大同四年になって、朝廷はようやく空海の処遇を決めたのだ。空海は勅命によって、京の高雄山寺《たかおさんじ》に入った。

高雄山寺は和気氏の氏寺で、前に述べたように最澄がここで日本最初の密教の灌頂をやった寺だ。密教と深い因縁のある寺である。

そして、和気氏はもともと最澄と親交があった。当時は和気真綱《まさつな》が当主であったが、真綱の父の清麻呂《きよまろ》と最澄は知友であった。その最澄ゆかりの寺に空海が入寺できたのだから、ひょっとしたらその背景には最澄の推輓《すいばん》があったかもしれない。後年には最澄と空海はすごいライバル関係になるが、最初は空海は最澄からの援助を受けている可能性のあったことだけは知っておいていただきたい。最初の最初から、二人は敵対していたのではなかったのである。

それともう一つ、空海を引き立てた人は嵯峨天皇である。大同四年（八〇九）四月、平城天皇は病気がちを理由に皇位を弟に譲った。このとき嵯峨天皇は二十四歳。元号が弘仁に改元されるのは翌年からであるが、この大同四年から嵯峨天皇の時代が始まっている。

じつは、その弘仁元年（八一〇）に薬子《くすこ》の変が起きている。これは平城上皇の重祚《じゅうそ》を画策したクーデターであったが、それがおさまったあと、空海は嵯峨天皇に、高雄山寺において護国のための護摩《ごま》を焚きたいと願い出た。願い出たのは弘仁元年十月二十七日。政情不安定なときに、自分が持ち帰った密教によって世の鎮めをしたいというのである。そして、勅許を得て、十一月一日から鎮護国家の密教の行法が実修された。これを契機に、空海と嵯峨天皇の親交が始まったのである。

嵯峨天皇と空海との親交

桓武天皇は、天皇親政型の政治家である。自分が先頭に立って政治をやる。それはいいのだが、彼は理想主義者で曲がったことが大嫌い。それがゆえに、家臣とのあいだに軋轢《きれつ》が生じかねない。晩年、怨霊に悩まされたのもそのためである。

その桓武天皇が贔屓《ひいき》にしたのは最澄。最澄は桓武天皇が亡くなったあと、やや落ち目になった。

それに対して嵯峨天皇は文化人である。政治のことは摂政である藤原家にまかせて、自分は書道など、文化的な面に意欲をそそいだ。

嵯峨天皇と空海の年齢差は十二。もちろん空海のほうが年上である。しかし、二人は気が合った。新しいものが大好きな嵯峨天皇と、新しい仏教である密教と、さまざまな中国の先進文明の品物を持ち帰った空海とは、いわゆる馬が合ったのである。

『文華秀麗集』に嵯峨天皇がつくった詩がある。「海公《かいこう》とともに茶を飲んで山に帰るを送る」と題されている。〝海公〟とは空海のこと。

《道俗相分かれて数年を経《へ》たり
今秋、晤《あ》ひ語らふもまた良縁
香茶をくみまかりて日ここに暮れぬ
稽首《けいしゅ》して離れるを傷《いた》み雲烟《うんえん》を望む》

空海とは数年のあいだ会うことができなかったが、このたび会うことができたのも良縁というべきか。互いにお茶を飲んで別れたが、別れの挨拶《あいさつ》もちょっと悲しい。そんな意味である。まるで友だち同士の付き合いである。

一方、空海のほうからは、弘仁三年（八一二）六月七日に狸毛《たたげ》の筆（狸《たぬき》の毛で作った筆）四本を嵯峨帝に献じている。空海は在唐中に、筆の作り方、墨の作り方まで学んだらしい。帰朝後、その技術を人に教えて筆墨を作らせ、帝に献上したのである。書道の大家であった嵯峨天皇は、きっと大喜びしたに違いない。

また、『性霊集』（巻第四）には、空海がつくった「柑子《かんし》を献ずる表」がある。当時、乙訓寺《おとくにでら》にいた空海が、庭に生《な》った柑子（みかん）に詩をそえて、嵯峨帝に献じたのである。その詩が美しい。

桃李珍《とうりちん》なりと雖《いえど》も寒に耐へず
豈柑橘《あにかんきつ》の霜に遇《あ》つて美なるには如《し》かむや
星の如く玉の如し黄金《こうきん》の質なり
香味は簠《ふ》簋《き》に実《み》つるに堪へたるべし

〝簠簋〟は祭祀の供物を入れる籠である。ちょっとみかんが採れましたからお届けします、といった感覚は、裏の畑で大根ができたからお隣さんに届けるといったようなもの。まるで隣近所の付き合いだ。われわれは美しい詩に騙《だま》されて、この贈答を美的に受け取ってしまうが、実際は、嵯峨帝と空海は隣近所の友人付き合いをしていたのである。いささか異例の付き合いだと思う。

ともあれ、嵯峨帝の庇護があってこそ、空海は仏教界で活躍することができた。そのことは否定できない事実である。

空海は非難されるべきか？

ところで、この嵯峨天皇と空海との結び付きを、読者はどう思われるか？　なかには、

「だから空海は嫌いだ。権力者に擦《す》り寄るなんて、仏教者の風上に置けぬ」

と、吐いて捨てるがごとく言われる人もおられよう。日本の庶民は、空海を、

――お大師さん――

と呼び、いわば伝説的人物として尊崇している。しかし、歴史的人物としての空海には、その評価はさまざまであり、毀誉褒貶《きよほうへん》が岐《わか》れる。とくに現代日本のインテリのうちには、空海の権力への擦り寄りを嫌う人もいる。

先ほども述べたが、帰朝後の空海が最初にやった公的な行事は、薬子の変のあと政情不安定な中で鎮護国家のために護摩を焚くことであった。それを通じて空海は嵯峨天皇と結び付いた。

この鎮護国家を第一とする空海の姿勢が、われわれ現代人には気に入らないのであ

る。なぜなら、われわれ現代人には、政教分離の原則が当然のこととされているからである。

けれども、よく考えてほしい。古代の日本において、そんな政教分離の原則が通じるだろうか。そもそも日本の仏教は国家仏教である。僧侶は国家公務員であり、僧侶の衣食住は全部国費によって維持されている。そして僧侶の仕事は、国家の安泰を祈ることである。「僧尼令《そうにりょう》」（僧尼を統制する法令）によると、僧尼が民間人と接触することが禁じられていた。したがって、庶民に仏教の教えを説くことは、僧の仕事ではなかったのである。

もっとも、これは官僧と呼ばれる人たちだ。官僧のほかに私度僧《しどそう》と呼ばれる人たちもいた。自分勝手に出家した人である。彼ら私度僧は、時代によっては見つかると処罰されたのである。政府にとって望ましくない人々であった。

そんな時代に生きた空海が、権力に接近せずに何ができたであろうか？　空海にしても最澄にしても、彼らが唐に渡ることができたのは、国家の庇護があってのことである。そして空海は、密教という新しい仏教を持ち帰った。それを日本に定着させるには、国家権力の庇護・援助がなければならない。

空海の権力者への擦り寄りを非難する人、空海のやったことが鎮護国家の祈りであったとしてそれを非難する人は、空海に何もやるなと言っていることになるのだ。だが、わたしがこう言えば、庶民のあいだで活躍した僧として、たとえば行基《ぎょうき》(六六八―七四九)がいるではないか、と言われる人もおられよう。なるほど行基は、弟子を連れて各所に橋を造り、堤を築いた。社会事業をやっている。けれども、まちがってもらっては困ることは、行基は民衆のあいだに仏教の教えを説いたのではない。行基は社会活動をやったのである。社会活動は、仏教者であろうとなかろうと、誰にだってできる。それ故、行基の社会事業と仏教は無関係である。

ところが、空海のやるべき仕事は、日本における密教の定着である。そのためには、どうしても国家権力による庇護・援助が必要である。そして、密教を日本に根付かせた上で、その密教によって民衆の救いを考える。そういう意味での民衆の救いを、空海は考えなかったわけではない。あとで触れるが、空海は民衆のための活動を人一倍やっている。わたしが言いたいのは、密教を日本に根付かせるためには、どうしても権力への擦り寄りが必要だということだ。それを忘れて、安易に空海を非難してほしくないのである。わたしは空海を弁護しておく。

6

傍若無人の空海

最初、空海が最澄を訪ねた

〝ライヴァル（rival）〟といった英語の語源は、ラテン語の〝リーヴァーリス〟であって、これは「同じ川の流れの水を使う者」である。したがって、これは「仲間」を意味する。事実、シェークスピア（一五六四―一六一六）はこの語を「仲間」といった意味に使っている。

けれども、同じ川の水を使っていると、どうしても利害の対立が起きる。上流の人が川を汚染すると、下流の人は迷惑する。それで、〝ライヴァル〟がいつしか「競争相手」「好敵手」の意味になったのである。

で、空海と最澄は、文字通りの意味でライヴァルであった。わたしはそう思う。最初、二人は仲間であった。ともに仏教者であるといった自覚を持ち、協力して仏教を弘めようとしていた。すなわち、最初は仲間であったのだ。

しかし、そのうちに、二人の仏教観・密教観の違いが表面化し、対立するようになった。その結果、二人は好敵手になってしまったのである。

最澄と空海は、同じ年の遣唐使船に乗り込んで唐に渡った。しかし、二人の乗った船は別々で、唐に着いた港も違う。しかも、空海は都の長安に行ったが、最澄は長安に行っていない。日本に帰って来た日も違っている。したがって、空海と最澄は、唐においては会っていないのだ。

＊

二人が会ったのは、空海の帰朝後である。

『延暦寺護国縁起《えんりやくじごこくえんぎ》』――これは最澄側の資料である――によると、大同四年（八〇九）二月三日、空海が最澄を比叡山に訪ねて行って、刺を投じたことになっている。〝刺を投じた〟というのは、名刺を差したということである。空海側の真言宗では、あまりこれを認めたくないようだが、どうやら最初は空海のほうから最澄に会いに行ったらしい。

では、会いに行った理由は何か？　大同四年二月といえば、空海の処遇がまだ決まっていない。いわば浪人中だ。それで空海は、最澄にどこか落ち着けるところを世話してくれと頼みに行ったのであろう。その依頼を受けて最澄が動き、朝廷に働きかけて空海の処遇が決められた。その結果が、同年七月十六日付の太政官符である。かくして空海は高雄山寺に入ることができた。わたしはそのように推測する。しかし、これだと、ちょっと空海に分《ぶ》が悪い。真言宗としては、これを認めたくないのは当然である。

ついで、同じく大同四年八月二十四日に、最澄が弟子の経珍《けいちん》に手紙を持たせて空海のところに行かせ、密教経典十二部五十五巻の借覧を申し出た。これも天台宗側の資料（『伝教大師消息《でんぎょうだいししょうそく》』）によるものだ。真言宗側では、これを空海と最澄の最初の交流としたいらしい。つまり、向こうのほうから頭を下げて経典を借用したいと言ってきたのだ、としたいのである。

けれども、この手紙の書き出しからして、最澄が経典の借用を乞うたのは、これが最初とは思えないのである。というのは、手紙は挨拶抜きで、いきなり用件から始まっているからである。だから、八月二十四日以前に二人の交流があったことはまちがいなさそうである。とすると、大同四年の二月三日に、空海のほうから最澄を訪ねて行ったとするのが、信憑性《しんぴょうせい》が高いと思われる。

経典の借覧

最澄は、空海が唐から持ち帰った密教経典を借りて、密教を勉強したかった。それはまちがいのない事実である。しかし、このことがのちに大きな問題になる。どう問題になったか。それはそのときに述べることにして、ここで言っておきたい——というより、考えておきたい——ことは、そもそも空海が唐より持ち帰った経典は誰のものか、である。

まず、空海は国費留学生であった。だとすると、空海が持ち帰ったものはすべて国家の財産である。そういう理窟《りくつ》になりそうだ。

前にも述べたが（七一ページ参照）、日本から派遣された遺唐使は、中国の港に着くと、あとの費用は全部中国政府が負担してくれる。なぜなら、彼らはゲストだからである。日本の遣唐使は往復の費用だけを自弁すればよいのである。

では、留学生《るがくしょう》はどうか……？　留学生はゲストではないから、その費用は原則として日本政府が負担しなければならない。それで日本政府は、留学生に応分の砂金を支給する。どれぐらいの費用が支給されるか、調べてみたがよく分からなかった。

空海の場合は、彼は青龍寺で僧として住み込んだと思われるから、衣食住の費用を心配する必要はない。だから安上りだ……と言いたくなるが、おっとどっこいそうは問屋が卸さない。逆に、空海の場合は、ものすごい費用がかかったはずだ。

なぜなら、彼は多数の経典や曼荼羅を持ち帰っている。経典といっても、印刷された本ではない。書写したものだ。あのように大部の経典を空海一人で書写できない。したがって、彼は人を雇って経典を書写させなければならない。人を雇うといっても、相当程度に仏典を読める人でないと、書き誤りが起きる。それだけ費用がかかるのである。

それに、曼荼羅の作成だって、画工を雇って描かせるのだから大変だ。絵具代も馬鹿にできない。

いったい、空海は中国にどれくらいの金を持って行ったか？　官から支給される砂金のほかに、たぶん空海は現在の貨幣に換算して二、三億円は持って行っただろうと言われている。その二、三億円は誰が出したのか？　空海の生家である佐伯家、あるいは伊予親王の名前が挙げられているが、実のところは不明である。

そうすると、空海は国費留学生であったが、空海が持ち帰った経典類や文物は、相当程度に私財が投じられている。だから、それらを単純に国有財産と見なすわけにはいくまい。国有財産と私有財産の中間、といったところになろう。

このあとは、わたしの思い付きであり、想像であるが、空海が持ち帰ったものは、いったん国家の帰属とされた。その上で国家から空海に下賜され、その管理運用を空海にまかされたのだと思う。だから、それは空海のものではあるが、建て前的には国有財産ということになる。

そう考えると、最澄が空海に経典の借覧を願い出たのは、現代でいえば国立大学の図書館に文献の借し出しを願い出たようなものだ。そういう考え方も成り立ちそうだ。でも、これはあくまでわたしの想像であって、実際はそうではなかったかもしれない。

空海に師事することになった最澄

最澄は空海から経典を借りて、一生懸命密教の勉強をしていた。最澄はまじめな人だ。彼は桓武天皇から、天台教学のほかに密教学もやれと命じられたので、困っていたのである。彼は帰朝の寸前、ほんのちょっと密教を齧《かじ》ってきた。彼は、自分の密教が完全なものではないことをよく知っている。とてもとても、「わたしは密教を学びました」と言えるようなものではない。けれども、勅命であるから、密教を学ばねばならない。どうすればよいか……彼は悩んでいたのである。

そこに空海が、唐からすばらしい密教経典を持ち帰って来た。空海の『御請来目録』を見て、最澄にはそれがいかにすばらしいものかが分かる。だから最澄はそれを借りて、密教を学ぼうとしたのである。桓武天皇の勅命に応えるためである。

空海には、最澄の真剣さはよく分かる。

けれども、空海は、経典を読むだけで密教を修得しようとする最澄の態度に違和感を覚える。

「そんな態度だと、密教を修得できないよ」

と、空海は最澄に忠告してやりたかったのだ。

そのような状況で、ちょっとした事件が起きた。

弘仁三年(八一二)十月二十七日である。この日、最澄は、奈良の維摩会《ゆいまえ》に参列した帰途、乙訓寺《おとくにでら》にいた空海を訪ねて、乙訓寺に一泊した。

空海は前年の十一月に、乙訓寺の別当《べっとう》に任じられた。山城国(現在の長岡京市)にある乙訓寺は、桓武天皇の皇太子であった早良親王がここに幽閉され、のちに非業の死をとげた寺である。それで人々から怨霊の寺と呼ばれていた。空海にこの寺の別当をさせたのは、早良親王の鎮魂をやれということであろう。

しかし、空海にすれば、これは気が滅入る話である。彼は相当の程度に落ち込んでいた。〈もう、自分の命もそれほど長くない〉と思うまでになった。

だから、空海は、訪れた最澄に、すべてを譲ってあとを託す気になったのだ。

そこで空海は最澄に、灌頂を受けて自分の弟子になれ、と言った。

もっとも、この解釈はやや最澄側に立っている。空海側に立つ人は、最澄のほうから空海に、灌頂を受けたいと申し出たと解釈する。どちらの解釈が正しいか、それは言わずにおこう。いずれにしても、年下の空海が、天台宗のナンバー・ワンに灌頂を施《ほどこ》し、弟子にすることになったのだ。仏教界における大事件である。

しかし、二人の名誉のために言っておきたいが、二人には少しもわだかまりがなかった。俗世界でいう意地悪だとか、体面といったものはない。二人は仏法のあたりまえをやったのだ。密教を理解するには、阿闍梨《あじゃり》につく必要があるから、「弟子になりなさい」「はい、弟子にしていただきます」とやったのだ。あっけらかんとしたものであった。そうわたしは信じている。

最澄が受けたのは結縁灌頂

最澄が、空海のいる乙訓寺に一泊した翌々日の十月二十九日、空海は乙訓寺の別当を辞任して、高雄山寺へ帰った。乙訓寺では灌頂の儀式をやりにくいと考えたためであろう。

そして十一月十五日、高雄山寺において空海は、最澄のほかに俗人三名、最澄の弟子十七名に金剛界の結縁灌頂《けちえんかんじょう》を授けた。結縁灌頂というのは、三名の俗人が加わっていることからも分かるように、正式に法を伝える灌頂ではなく、密教と縁を結ぶための灌頂、いわば入門式であった。

続いて十二月十四日、今度は胎蔵界の結縁灌頂が行なわれた。これには最澄のほかに、比叡山や南部の僧が二十二名、沙弥《しゃみ》（少年僧）三十七名、さらに在家信者が四十一名、童子《どうじ》（在家の年少者）が四十五名参列した。総数百五十名に達しようかという、まことに大々的な灌頂の儀式であった。

ところが、このあと、いささか問題が生じた。

最澄にすれば、たんなる入門式にすぎない結縁灌頂では物足りない。もっと正式な灌頂、伝法灌頂、阿闍梨灌頂を受けたいと思った。そこでそのことを空海に願い出た。

だが、空海はにべなく言った。

「それを授けるまでには、あと三年はかかるだろう」

さて、読者はどう思われるか？　「そりゃあね、密教の勉強には三年ぐらいはかかるだろう。いや、三年では短いぐらいだ。一生かかっても勉強し尽くせるものではない」と言われるかもしれない。

たしかに、それはそうですよ。でもね、それはずぶの素人の場合でしょう。最澄は素人ではない。すでに天台宗のナンバー・ワンである。最澄を素人扱いにすることは、いささか不公平であろう。

それに、空海自身はどうか？　空海が唐の長安にあって、恵果から阿闍梨灌頂を受けるまでに、三か月もかかっていないのである。空海が三か月で、最澄が三年――。それだと、あまりにも最澄の実力を見くびっていることになる。

と、普通であれば、最澄はそう考えるであろう。だが、最澄はわれわれ俗物とは違う。彼は純心な人だ。〝最澄〟は文字通りに「最も澄める人」である。だから、最澄はこう言った。

「そうですか、三年ですか……。だとすれば、わたしにはそんな時間がない。わたしの弟子をお預けしますから、彼らに伝授してやってください」

最澄は一宗の主である。法務に忙しい。だから空海に師事して、じっくり三年も密教を学ぶ余裕はない。それ故、弟子を預ける。最澄がそう言うのは、もっともだ。

かくて最澄は、翌年、空海の許に十七名の弟子を送り込んだ。その弟子の一人に泰《たい》範《はん》がいることを読者の記憶にとどめておいてほしい。

そしてこのあと、空海と最澄のあいだには、隙間《すきま》風が吹くことになった。

曼荼羅大宇宙に飛び込め！

わたしの筆は、いささか最澄に甘くなっているようだ。最澄側に立てば、空海のやり方はおかしいことになる。

だが、空海には空海の言い分がある。

密教の神髄は、われわれが大日如来の宇宙に飛び込むことだ。それが空海の密教理解である。大日如来の宇宙――われわれはそれを曼荼羅大宇宙と呼ぼう――に飛び込めば、われわれに大日如来のパワーが加持される。そしてわれわれは、その曼荼羅大宇宙の中ですくすくと成育すればいい。なにもあくせく苦労することはないのである。譬《たと》えてみれば、小さな磁石のパワーが落ちたとき、その磁石を大きな磁石にくっつけてやるとよい。そうすると、小さな磁石のパワーが回復する。それと同じく、われわれが曼荼羅大宇宙に飛び込めば、大日如来の大きなパワーがわれわれに加持されるのである。

だから空海は最澄に、

——曼荼羅大宇宙に飛び込め！——

と教えた。空海自身は、まず曼荼羅大宇宙に飛び込み、そのあとで恵果に師事した。だから最澄よ、あなたもまず曼荼羅大宇宙に飛び込んでみることだ。そうすりゃ、大日如来からの加持があり、放っておいてもすくすくと密教人間に成育できるよ……。そして、その飛び込むための契機として、「結縁灌頂」を用意してやったのだ。

ところが、最澄には、その空海の気持ちが分からない。どれぐらい修行すれば、入門儀式にすぎない「結縁灌頂」ではなく、本物の「阿闍梨灌頂」が受けられるか？

と訊《き》く。分かっていないのだ！　あなたは、ゆっくり曼荼羅大宇宙で遊んでいればいい。そうだな、三年ぐらい遊んでいれば、大日如来のパワーがあなたに加持され、あなたは自然に密教人間になれるよ。空海はそう教えたのだが、その空海の言葉がちっとも最澄に伝わらない。結局は、二人は別れるよりほかなかったのである。

これは、二人のいずれが悪いのでもない。二人の仏教観・密教観・人生観の違いである。

まじめな人間の最澄は、人間は、努力すべきだと考える。そう考えて、努力、努力、と、努力を積み上げる生き方をする。

しかし、空海は密教人間だ。密教人間はそんな考え方をしない。そりゃあね、空海はもちろん、努力をするなというのではない。努力をするなと言いはしないが、努力をしたって失敗することもある。努力が一〇〇パーセント成功で報いられるのであれば、世の中に成功しない人はなくなる。努力に努力を重ねた人でも、失敗することがある。いや、そういう人のほうが多い。そのことを空海はよく知っている。

だから、彼は、曼荼羅大宇宙に飛び込んで、大日如来に加持されることを考えたのだ。そこのところに、密教人間＝空海と、まじめ人間＝最澄の根本的な差があったのである。

空海と最澄は平行線

二人の人生観の差は、同時に修行論の差である。

普通、仏教では、

――自力と他力――

ということを言う。自己に備わった能力を発揮して仏道を歩むのが自力で、仏や菩薩に助けてもらうのが他力である。とくに日本では、阿弥陀仏の力によって、死後にその阿弥陀仏の仏国土（浄土）である極楽世界に生まれさせてもらう信仰を他力といった。

最澄の考え方は、この自力と他力のうちの自力である。仏教者たる者は、自己に備わる全力を発揮して仏道を歩まねばならぬ。怠けてはいけない。そう彼は考えた。

では、空海はどうか？　自力と他力ということでいえば、どちらかといえば空海は他力の思想である。彼は大日如来の加持力を信じたのだから、自力ではない。

だが、空海の密教を「他力」と呼ぶのはいささか早合点である。4章にも述べた

（八六ページ参照）が、密教は「自力と他力」といった考え方をしないで、「三力」を説く。三力とは、行者自身に備わる「功徳力」と、大日如来から加えてもらう「加持力」と、曼荼羅大宇宙の中で受け取ることのできる「法界力」とである。

この三力を前提にして、空海は最澄に、

「曼荼羅大宇宙に飛び込め！　そうすれば大日如来から加持力がいただけ、曼荼羅大宇宙からの法界力がいただけるぞ。そして、あなたは密教人間になれるのだ」

と教えた。密教人間になれば、いつ阿闍梨灌頂を受けることができるか……などと心配する必要はない。阿闍梨灌頂を受けようが受けまいが、もうすでに密教人間になっているのだから。あとは、のんびり、ゆったり、この人生を楽しみながら生きればよい。それが空海の最澄に対する老婆心であった。

だが、まじめ人間――自力型の最澄には、それが分からない。

彼はこつこつと努力して、自力でもって密教を理解しようとする。経典を学んで密教をマスターしようとするのだ。

「それじゃあ、だめだ！　自力だけでは密教は分からない。加持力と法界力をいただけ！」

空海は声にはならない声で、そう叫ぶ。

密教というのは、ガラスでできた知恵の輪のようなものだ。そして、ここに『知恵の輪の極意』と題された本がある。知恵の輪の外し方を教えた本だ。それが密教経典である。

最澄は、空海から『知恵の輪の極意』といった本を借りて、それを読んで知恵の輪を外そうとする。

だが、空海は知っている。本で得た知識だけで知恵の輪をいじくっていると、ガラス製の知恵の輪がこわれてしまう危険が大きい。だから、まず知恵の輪を外してから、本を読めとアドヴァイスをする。

でも、最澄にすれば、それは無茶苦茶だ。「だって、知恵の輪を外すために本を読むんでしょう……」というのが最澄の考え方である。

どこまで行っても、二人は平行線である。交点はない。

辛辣きわまる空海の断り状

弘仁四年（八一三）の三月に、最澄は自分の弟子の十七名を空海の許に送り込んだ。自分の代りに密教を学ばせるためである。そのことはすでに述べた。

最澄が密教を学びたいのは、桓武天皇の勅命によって、天台宗の中に密教部門の設置を義務づけられているからである。言うなれば、比叡山大学に天台学部と密教学部の二学部を置くことが義務づけられている。最澄にすれば、自分が密教を学ばずとも、誰かに密教を学ばせて、その人を学部長にすればよいわけである。彼はそう考えた。その考え方が、空海の気に入らないところである。

しかし最澄は、密教学部の学部長はいずれ誰かにまかせるとしても、自分でも少しは密教教学を学んでおきたいと考えた。最澄はまじめな学僧である。

そこで最澄は、『理趣釈経《りしゅしゃくきょう》』をはじめとする数点の密教典籍の借覧を空海に願い出た。『理趣釈経』は、密教の極意を示した経典である『理趣経《りしゅきょう》』の注釈書のうち、最も重要とされるものだ。空海はこの書を秘典とし、一般の真言学徒に学ばせなかった。それほどに大事な文献である。

借覧を願い出た最澄からの手紙を読んで、空海は怒りを爆発させた。すぐさま筆を執って、最澄への返書を認《したた》めた。この返書は『性霊集補闕抄』（巻第十）に収録されているが、あまりにも激越な口調にわれわれは驚かされる。

――あなたは『理趣釈経』を貸せと言われるが、〝理趣〟とは「道理」のことである。では、あなたは、わたしにどんな「道理」を貸せと言われるのか?!　空海はそんなふうに言う。

復次《また》に三種有《あ》り、心《しん》の理趣、仏の理趣、衆生の理趣なり。若《も》し心の理趣を覓《もと》めば、汝が身中に有り。別人の身中に覓むることを用ゐず。若し仏の理趣を求めば、汝が心中に能《よ》く覚《さと》る者《もの》は即《すなわ》ち是《これ》なり。又諸仏の辺に求むべし。凡愚《ぼんぐ》の所には覓むべからず。若し衆生の理趣を覓めば、汝が心中に無量の衆生有り、其《それ》に随って覓むべし。

〈(理趣すなわち道理にはいろいろあるが)、また次の三つも理趣である。心の理趣、仏の理趣、衆生の理趣だ。もし心の理趣を求めるのであれば、あなたの身体のうちにそれがある。別人のうちに求める必要がないではないか。もし仏の理趣を求めるのであれば、あなたが悟りを開くことがそれだ。諸仏の教えのうちにそれを求めるべきであって、愚かな凡夫に求めてはいけない。もし衆生の理趣を求めるので

あれば、あなたの心の中に無数の衆生がいるではないか。それを求めるとよいのだ〕

じつは、『華厳経《けごんきょう》』の「夜摩天宮菩薩説偈品《やまてんぐうぼさつせつげぼん》」に、

《心仏衆生是三無差別《しんぶつしゅじょうぜさんむさべつ》》

〔心と仏と衆生と、この三は差別なし〕

といった言葉がある。心と仏と衆生と、三つは差別がない。まったく同じものだというのだ。

空海はそれを前提に最澄に言っている。あなたは「理趣」（『理趣釈経』であり、「道理」である）を貸せというが、いったいどういう「道理」を貸せと言うのか?! 『華厳経』なら、あなたも読んでいるはずだ。『華厳経』は、仏と衆生と心が同じだという。だから、道理は、仏の道理であれ衆生の道理であれ、全部あなたの心の中にある。あなたは自分の心をさぐればよい。何もわたしに「道理」を貸してくれと言ってくる必要はないではないか?!

まことに辛辣きわまりない言葉である。

最澄よ、法を盗む肴となるな！

また空海は、次のようにも言う。

若し汝が理趣を求めば、汝が辺に即ち有り。我が辺に求むべからず。

〔もしもあなたが理趣を求めたいのであれば、それはあなたの所にある。わたしの所にそれを求めてはいけない〕

人生は苦である。仏教はそう教える。われわれは苦しまなければならないのだが、自分の苦しみは自分で苦しみ、自分で解決する以外にない。誰かわたしの代りに苦を受けてくれる人はいない。

だから、あなたはあなたの理趣をあなた自身のうちに求めよ。わたしに貸せと言うのは、とんでもないまちがいだ。空海はそう語る。

さらに、追討ちをかけるかのごとくに言う。

若《も》し実《まこと》に凡《ぼん》にして求めば、仏教に随ふべし。若し仏教に随はば、必ず三昧耶《さんまや》を慎むべし。三昧耶を越えれば伝者も受者も倶《とも》に益無かるべし。夫《そ》れ秘蔵《ひぞう》の興廃《こうはい》は唯《ただ》汝と我《われ》となり。汝、若し非法にして受け、我、若し非法にして伝へば、将来求法の人何に由つてか求道の意《こころ》を知ること得む。非法の伝授せる、是《これ》を盗法《とうほう》と名《なづ》く。即《すなわ》ち是れ仏を誑《あざむ》くなり。

〔もしあなた、凡夫であって、法（教え）を求めるのであれば、仏教の正しいやり方に従わねばならぬ。仏教の正しいやり方に従うということは、密教の戒である三昧摩耶戒を守らねばならない。三昧摩耶戒を破れば、法を伝える者にも受ける者にも利点がなくなる。真言密教の教えを興《おこ》すのもすたれさせるのも、あなたとわたしの双肩にかかっている。あなたが正しくないやり方で法を受け、わたしが正しくないやり方で法を伝えるなら、未来に法を求める人は、何によって仏道の真意を知ることができようか。正しくないやり方で法を伝え、受けることを、「法を盗む」という。それはすなわち仏を欺くことである〕

最澄よ、そなたは法の盗賊になろうとするのか?!　空海はそう言っているのだ。何もそこまで言わずともよいではないか……とわれわれは思うが、空海にすれば、いっこうに曼荼羅大宇宙に飛び込もうとしない最澄の態度が、もどかしくもあり、また腹立たしくもあったのだ。

言葉で伝えることのできない真実

また、手紙の中で空海は次のように述べている。これはいまの引用に続く部分である。

又秘蔵の奥旨《おうし》は文の得ることを貴しとせず。唯心を以て心に伝ふるに在り。文は是れ糟粕《そうはく》なり、文は是れ瓦礫《がれき》なり。糟粕瓦礫を愛すれば粋実至実を失ふ。真を棄てて偽を拾ふ、愚人の法なり。

〈また真言密教の教えの真髄を言葉によって摑もうとするのはよくない。それは、ただ心から心へ伝えるものだ。言葉というものは酒糟《さけかす》にすぎぬ。瓦礫にすぎぬ。酒糟や瓦礫に執着していると、真実と真髄を失ってしまう。真実を捨てて偽物を拾うは、愚かな人のやることだ」

ある意味で、ここに密教の本質論がある。

真実は言葉によって伝えることができない。密教はそう考える。たとえば、あなたがいま一杯の水を飲む。「ああ、おいしい」とあなたは言う。しかし、その言葉でもっては、あなたがどのように、どれぐらいおいしいと思ったかは、人に伝わっていないのだ。そのおいしさを分かってもらうには、相手に水を飲んでもらうよりほかない。でも、相手が水を飲んで感じたおいしさと、あなたが感じたおいしさと、それが同じである保証はない。が、言葉でもって「おいしさ」を伝えることができないことだけは確実だ。だから、空海は、言葉はかすみたいなものだと言う。

そして、密教ではない顕教は、さまざまな経典をつくって、それを釈迦が悟った真理を説いたものだとする。しかし、釈迦が悟った真理は厖大《ぼうだい》であって、その全部を言葉にすることはできないはずだ。ちょうど、水のおいしさを言葉によって伝えることができないのと同じで、釈迦が悟った真理は、わたしがそれを悟らなければ分からないのである。密教はそう考える。

だから空海は最澄に、あなたはまず仏になれと言うのだ。曼荼羅大宇宙に飛び込んで行って、仏の赤ん坊になり、そこですくすくと育てばよい。そうすると密教が分かる。それが密教の分かり方であって、文献でもって密教を分かろうとしても、分かるわけがない。そう空海は教えたのだ。つまり、知恵の輪を外してから、『知恵の輪の外し方』といった本を読めという忠告である。

で、結局、空海は最澄に『理趣釈経』の貸与を拒絶した。

二人の交遊はやがて絶たれる。

このときの出来事について、のちに最澄はこんなふうに暗に空海を非難している。《新来の真言家、すなはち筆授の相承を亡泯《ぼうみん》す》（『依憑天台宗序《えひょうてんだいしゅうじょ》』）

〝亡泯す〟とは、「ほろぼす」といった意味。最澄にとっては――それは顕教においては、といったことになるが――仏法を伝えるのは「筆授の相承」、つまり書物によるのが基本である。その伝統を空海という新来の真言家がこわしてしまった、というのである。これは言葉を重視する顕教と、言葉を超えたものを求める密教との、根本的な違いである。この溝は、どんなにしても埋められない。結局は、二人は別れるよりほかなかったのだ。残念ながらそう言うよりほかない。

完成度の高い空海の密教

いま、〝残念ながら〟と書いたが、それは言葉の綾であって、日本の仏教の大局からすれば、わたしはこれでよかったと思う。

なぜかといえば、最澄が、空海の期待する意味での「密教人間」にならなかった（あるいはなれなかった）からこそ、のちに最澄の天台宗から、日本の仏教界を担う大スターが出現したのである。リストアップすれば、

融通念仏宗《ゆうずうねんぶつしゅう》の開祖の……良忍《りょうにん》（一〇七二―一一三二）
浄土宗の開祖の……法然《ほうねん》（一一三三―一二一二）
浄土真宗の開祖の……親鸞《しんらん》（一一七三―一二六二）
曹洞宗の開祖の……道元《どうげん》（一二〇〇―一二五三）
日蓮宗の開祖の……日蓮《にちれん》（一二二二―一二八二）
時宗の開祖の……一遍《いっぺん》（一二三九―一二八九）

である。最後の一遍は比叡山に上ってはいないが、あとの五人は一度は比叡山に上って天台教学を学び、そのあと独自の道を拓《ひら》いた祖師である。一遍も天台教学を学んだあと、独自の教学を樹立した。

つまり、最澄の天台宗は、かかる宗教的秀才を輩出したのである。

だが、空海の真言宗からは、独自に一宗を樹立した弟子は出ていない。

それはなぜかといえば、空海の密教があまりにも完成度が高いものであったからである。

空海は、曼荼羅大宇宙に飛び込め！　と教えた。ただ飛び込みさえすればよいのだ。そうすると、われわれは仏になる。仏になるといっても、赤ん坊の仏だ。それでも仏は仏だから、もうそれだけですべてが終わっている。完成しているのだ。だから、その教理をそれ以上いじくることはできない。空海の密教は完成してしまっているから、それ以上の発展はない。独自の教学なんて、そこから出てくるわけがないのだ。

その意味では、最澄が空海にならなくてよかった。なろうとしてもなれなかったのであるが、もしも最澄が第二の空海になっていたら、のちの鎌倉仏教――すなわち法然・親鸞・道元・日蓮・一遍の仏教――はなかった。日本の仏教は、最澄が密教人間にならなかったからこそ、のちにいろんな花を咲かせることができたのだ。

それ故、わたしは、残念ながら空海と最澄は別れざるを得なかった――といった先ほどの言葉を取り消す。二人は別れてよかったのだ。別れたからこそ、二人はそれぞれの道を歩み、そして日本の仏教を大きく発展させることができたのである。

訣別の衝撃

ただ一つ、残念なことがある。こちらのほうは、残念と言うよりほかない。

それは、別れたことによって、二人ともにしこり・わだかまりが残ったことだ。それはそれで仕方のないことかもしれない。別れるのであれば、きれいに別れたいと思うが、きれいに別れるなんてことは、実際にはなかなかできることではない。どうしてもしこり・わだかまりが残ってしまう。

一三〇ページで触れたが、最澄に泰範という弟子がいる。最澄は泰範を、自分に代わって空海から真言密教の伝授を受けさせようと、空海の許に送り込んだ。

ところで、その泰範の実力はどれくらいか？　わたしは、印象的にはそれほどの実力の持ち主ではなかったと思うが、しかし最澄が自分の代りにと指名した高弟である。やはり相当の実力とすべきであろう。いちおう最澄の高弟としておこう。

最澄は空海と訣別した。そうすると、それ以上、泰範が空海の許にいる必要はない。そこで、弘仁七年（八一六）五月、最澄は泰範に、

「おまえは比叡山にとって大事な人材だから、早く比叡山に帰って来い」

といった趣旨の手紙を書いた。その中で、最澄は泰範にこう言っている。

《法華一乗とは真言一乗とは何ぞ優劣あらん》

〔天台教学の根本である『法華経』の教えと、密教とのあいだに優劣はない〕

だからおまえは密教の勉強はやめて、比叡山に帰って『法華経』の勉強をせよ。最澄は弟子にそう命じているのである。

ところが、この手紙に対する返信を、空海が代筆した。空海が泰範に成り代わって言う。


　顕密の教、何ぞ浅深無からむ。法智《ほうち》の両仏、自他《じた》の二受《にじゅ》、顕密説を別《こと》にして、権《ごん》実《じっ》隔て有り。所以《このゆえ》に真言の醍醐《だいご》を耽執《たんしゅう》して、未《いま》だ随他《ずいた》の薬を噉嘗《たんしょう》するに遑《いとま》あら

ず。

（『性霊集補闕抄』巻第十）

〔あなたは、顕教と密教に優劣がないと言われますが、どうしてそんなことがあるでしょうか。密教の教主は法身で、顕教の仏は智身（報身）であり、密教の仏は自分の法楽のために説法し、顕教の仏は菩薩を教化する仏です。顕教は権教《ごんきょう》、つまり仮《かり》の教えであり、密教は真実の教え。まったく違っています。だからわたしはいま、真言の醍醐《だいご》の美味を味わっており、顕教の薬を服用する気はまったくありません〕

これじゃあ、夫の許を逃げ去った女が、「わたくしはこの人のそばにいたほうが幸せなんです」と言っているようなものである。しかも本人が言うのではなく、男が成り代わって言ってやるのだから、ちょっとひどい。どうやら空海は、いささか感情的になっている。

しかし、最澄のほうも、やや常軌を逸している。じつは、最澄のところから逃げて行った弟子は泰範一人ではない。最澄の弟子に対する教育は、相当に厳しかったようだ。それで、比叡山を去って行った弟子は、あんがいに数が多い。であるから、いまさら泰範一人が逃げ出したところで、普段であれば笑って済ませることができたはずだ。だが、感情がこわばっているので、ヒステリックになってしまう。

空海も最澄も、ちょっとどうかしているとしか思えない。二人にとって、それだけ訣別の衝撃が大きかったのであろう。

7 任務のない空海

暇で忙しい空海

空海には、あまりやることがなかった。

では、暇か……?

そうではない。空海は忙しい人だ。次から次へと仕事をやっている。言っていることが矛盾に聞こえるかもしれない。だが、どうしてもやらねばならぬことがないのが密教の特色である。

顕教の場合は、仏教者は、仏になるための修行をせねばならない。経典の学習はもとより、坐禅をやったり、念仏や題目を唱えたり、写経をしたり、作務をやったり、なかなか大変である。顕教は忙しい仏教だ。

そこへいくと、密教は、いきなり曼荼羅大宇宙に飛び込んで仏になってしまうのだから、暇な仏教ということになる。だって、仏が汗水たらしてふうふうとやっているなんて、どう考えてもおかしい。仏であれば、のんびり、ゆったりとしているはずだ。だから密教は暇な仏教である。

空海は、密教人間であるのだから、当然に彼は暇である。暇であるはずだ。暇でなければならない。

にもかかわらず、空海は忙しかった。

なぜか？　彼のほうに、次から次へと仕事が押しかけて来るからだ。

そして、押しかけて来た仕事を、あまり選《え》り好みをしないで、「はい、はい」と引き受けてしまうのが、密教人間の生き方である。

いや、選り好みをしたってよいのである。してはいけない、という規則があるわけではない。けれども、密教人間は、なんだって引き受けてしまう。それは、密教人間にはどんな仕事だってできる――仏にできない仕事はない――のだし、それに密教人間は好奇心が旺盛《おうせい》であり、向こうからやって来た仕事をついやりたくなってしまうからである。

でも、いくら密教人間でも、できない仕事があるだろう……と言われるかもしれない。しかし、そこはよくしたもので、相手のほうで加減してくれる。その人にとって不得手なもの、できないものは、相手も頼んでこないのである。

このことは、読者も知っておかれたほうがよいと思う。上役が部下に新しい仕事を与える。たいていの場合、上役のほうは、あなたにその仕事ができると思って与える

のである。仕事を命じられたほうは、仕事の難易度をやけにむずかしく評価して、その反動で自己の実力を過小に評価し、

「わたしにはその仕事ができません」

と断わりたくなる。けれども、仕事の難易度は、命じた上役のほうがよく知っているし、また部下の実力もよく知っている。なにも尻込みする必要はない。おもしろそうな仕事には、何だって飛びついたほうがよい。

でも、おもしろくない仕事だってあるだろう。つまらぬ仕事だってあるはずだ。そういうときはどうすればよいか？　そう問われるかもしれない。まあ、そういうときは、適当におやりなさい、と答えるよりほかかない。本書は会社の仕事のやり方を教えるハウ・ツー本ではないから、そういう問いには答えられない。しかし、密教人間との関連で言っておけば、密教人間はどんなつまらぬ雑用も、おもしろくない仕事をも、それをおもしろくしてしまえるのである。そういう特技を持っている。いや、そういう特技を持っているのが密教人間であるのである。

ともかく空海は密教人間である。

それで彼は忙しかった。

空海はさまざまな世俗の仕事に手を出した。顕教の人が「俗事」と呼んで毛嫌いする、仏道修行以外の雑務に彼は精を出している。そして彼は、それを楽しんでいた。「俗事」を楽しめるのも、密教人間の密教人間たるゆえんである。

万濃池の修築工事

さて、俗事の最たるものは、万濃池《まんのういけ》の修築工事である。空海は、土木技師の仕事をやってのけたのである。

万濃池は〝満濃池〟とも表記される。空海の出身地である讃岐の多度郡にある池（ダム）であり、大宝年間（七〇一—七〇三）にいくつもの渓流を堰堤《えんてい》でせき止めて造られた。讃岐国には大きな川がないので困る。それで農業用水を得るためにこの池が造られたのである。

ところが、この万濃池は、ちょっとした雨でもすぐに決潰《けっかい》してしまう。幾度か決潰したが、弘仁九年（八一八）に大決潰した。どうにもならない状態になった。朝廷は、弘仁十一年に修築工事を始めたが、工事はいっこうに捗《はかど》らず、完成の見通しも立たない。そのままでは農民が困ってしまう。

そこで、讃岐国の国司から朝廷に、空海を讃岐国に下向させ、工事を監督させてほしいとの要請がなされた。

《僧空海は部下多度郡の人也。……今久しく旧土を離て常に京都に住す。百姓恋慕すること実に父母の如し、若し師来れるを聞かば、部内の人衆履を倒にして来り迎へざるは莫《な》し。請ふ、別当に宛て、其事を成さしめよ》

〔僧空海はこの国の多度郡の人です。……いまは故郷を離れて京都に住んでおられます。庶民が空海を慕っていることは、父母を慕うがごとくです。もし師が来てくださると聞けば、この国の人は履きものをはき違えてもお迎えしない者はいません。どうか空海上人を別当（長官）に任命して、大事業を完成させてください〕

この要請に応えて、弘仁十二年五月二十七日付で、国司に太政官符《だじょうかんぷ》が下り、空海に下向が命じられる。

空海が讃岐国に着任したのは、六月十日ごろと推定される。

そして、九月六日には、空海は京都に帰って来ている。

ということは、三か月ほどのあいだに難工事が完成したのである。

驚くべきことだ。いったい空海は、どこでそのような土木の技術をマスターしたのであろうか？

多くの学者が、空海が中国において土木技術までも学んできたとしている。

《しかし空海は、仏教の勉強だけをしに中国へ行ったのではなく、自然科学の先進技術文明についても、かなり勉強して帰ってきたようです》（松長有慶《まつながゆうけい》『空海無限を生きる』集英社）

《この池は周囲約二十キロ、現在一市十六町村を擁する丸亀平野三、六〇〇町歩を灌漑する日本有数の大貯水池である。大正五年に近代的ダムとして改修された時に判ったことであるが、池の堤防を内側に張って二個の岩と小島を結んで水圧に耐えられるようにアーチ形に設計されていた》（山本智教《やまもとちきょう》『空海上人伝』朱鷺書房）

たしかに空海は天才であり、そのような土木技術・科学技術を学んでいた可能性も大いにある。わたしも昔は、空海は万能の天才であると思っていた。しかし、空海の海外留学はわずか二年である。その短期間に、密教教学（教相）およびテクニック（事相）、さらに曼荼羅の製作技法、サンスクリット語のほか、土木工学までもマスターしたとは思えない。留学期間が二十年であれば、天文学や数学、工学、生物学等々のあらゆる分野を学んできたと言われても、それを信じるにやぶさかではないが……。

だから、空海は、ひょっとしたら帰朝のときに中国人技術者を連れて帰って来たのかもしれない。あるいは、中国人ではなしに、日本人のそういう技術者集団を知っていたのかもしれない。そうした「人脈」を持っているのも、密教人間の特技である。いまのわたしは、空海はさまざまな方面に「人脈」を持っていたと思っている。だから、いろんな「俗事」をやってのけることができたのである。

「自作自演」をする空海

ところで、ちょっとおもしろいのは、讃岐の国司が朝廷に差し出した、「空海を別当として派遣してほしい」といった請願状は、じつは空海が自分で書いた——といった説があることだ。村岡空《むらおかくう》氏がそう主張され（宮坂宥勝《みやさかゆうしょう》・宮崎忍勝《みやざきにんしょう》・村岡空共著『空海密教のすべて』朱鷺書房）、その理由として、こんな名文を書けるのは空海以外に考えられない、というのである。

だとすると、万濃池の修築は、空海の「自作自演」である。

わたしは、それはちょっと深読みにすぎると思うが、空海なる男、あんがいそういったことをやりかねないのである。

それに、讃岐の国司は、どうして空海が土木工事に関するエキスパート（専門家）であることを知っていたのだろう……。それを知っていないと、朝廷に請願書を出すわけがない。それとも、空海は土木工事の技術に関係なく、たんに人心掌握のためのカリスマ的人物であったのか。すなわち、空海が工事現場にやって来て護摩をたく。それによって人々は安心し、一致団結できる。そのために要請された人物であったのか。だとすると、二十一世紀の現在において、工事現場で地鎮祭をやる神官の同類になり、空海が安っぽくなってしまう。

したがって、讃岐の民衆が万濃池の決潰で困っていることを聞いた空海が、どこかで誰かに、

「わたしであれば、うまくやってのけることができる」

と語り、それが国司の耳に入った。それで国司が朝廷に空海の派遣を要請した。そう考えたほうが辻褄《つじつま》があう。そうすると、それはある意味での空海の「自作自演」である。

われわれは「自作自演」と聞けば、空海がうまく朝廷に自分を売り込んだと思って

しまう。そして、空海をいやらしい人物に思う。実際、そう思っている人があんがいに多い。

だが、空海はそういう人ではない。

彼は、民衆が困っているのを見れば、自分にできる何かをやってやりたくなるのだ。その何かをやるために、それをやれる舞台を準備せねばならない。舞台を準備して、花形スターとしてそこに空海が登場するものだから、それを自分の、

――売り込み――

だと見る人もいる。しかし、実際に自分を売り込まなければやりたいことができないのだから、誤解を受けても仕方がなかろう。そして空海は、そんな誤解をちっとも畏《おそ》れていない。傍若無人に振舞う。それで空海を嫌う人は、ますます彼を嫌うようになる。空海はそういう人間なのだ。

しかし、もう一度念を押しておくが、空海は民衆が困っているのを、われ関せず焉《えん》と黙って見ておれないのだ。われわれは、空海の行動の背景に、民衆に対する深いシンパシー（共感）のあったことを見落としてはならない。それを見落とすと、空海がとんでもない売僧《まいす》になってしまう。

空海は立派な高僧なのである。

神泉苑における雨乞い

空海の名をいやが上にも高めたものは、
——神泉苑《しんせんえん》における祈雨——
であった。万濃池の修築は、讃岐という地方での出来事であるから、知る人ぞ知るであるが、こちらのほうは場所が宮中の神泉苑であるから、大勢の人が空海の名を知ることになった。

天長元年（八二四）二月、天下に旱魃《かんばつ》があった。人々は困る。『今昔物語集』（巻十四の四十一）に、このときの空海の雨乞いが語られている。

……天下《テンカ》旱魃《カンバツ》シテ、万《ヨロズ》ノ物皆焼畢《ヤケハ》テ枯レ尽《ツキ》タルニ、天皇、此レヲ歎キ給フ。大臣以下《イゲ》ノ人民《ニンミン》ニ至《イタル》マデ、此ヲ不歎《ナゲカ》ズト云フ事无《ナ》シ。

其ノ時ニ、弘法大師ト申ス人在《マシ》マス。僧都《ソウズ》ニテ在《マシマ》シケル時、天皇、大師ヲ召《メシ》テ仰セ給テ云《イワ》ク、「何《イカ》ニシカ此ノ旱魃《カンバツ》ヲ止《トドメ》テ、雨ヲ降《フラ》シテ世ヲ可助《タスクベ》キ」ト。大師申《モウシ》テ云《モウサ》ク、「我ガ法ノ中ニ雨ヲ降《フラ》ラス法有リ」ト。天皇、「速ニ、其ノ法ヲ可修《シュスベ》シ」ト。大師、言《コト》バニ随《シタガイ》テ、神泉ニシテ請雨経《ショウウキョウ》ノ法ヲ令修《シュセシ》メ給フ。

天皇のほうから空海に相談を持ちかけたことになっているが、あるいはこれは、空海のほうから天皇に進言したのかもしれない。ともかく空海は、勅命によって密教の「請雨経《しょううきょう》法」を修した。

七日間、空海は祈禱を続けた。結願の日、龍王が出現し、黒雲が空を覆い、雷は四方に鳴りわたり、雨は三日間降り続いた。

現在のわれわれからすれば、七日間もすれば雨が降る確率は相当に高くなると思うが、当時の人々からすれば、これは空海の密教の修法の効果である。空海が祈祷をしなければ雨は降らなかったのであり、彼が祈禱をしたからこそ雨が降ったのである。

かくして、空海の密教のすばらしさが人々に証明された。

しかし、繰り返すが、空海は雨乞いを売名行為としてやったのではない。旱魃に苦しむ民衆を救うためにやったのだ。その点を見落としてはならない。

綜芸種智院の設立

時間の順序からいえば
弘仁七年（八一六）…高野山の下賜、
弘仁十二年（八二一）…万濃池の修築、
弘仁十四年（八二三）…東寺の給預、
天長元年（八二四）…神泉苑での祈雨、
天長五年（八二八）…綜芸種智院《しゅげいしゅちいん》の開設、

となる。けれどもわれわれは、空海の「俗事」の方面での業績を先にしている。それ故、高野山の下賜や東寺の給預は後回しにして、次に綜芸種智院の開設について述べる。

天長五年十二月十五日、空海は、わが国最初の庶民の学校である綜芸種智院を創建した。この学校は、東寺（教王護国寺《きょうおうごこくじ》）の東隣りに建てられた。それは、当時、空海は東寺にいたからである。

このころの教育機関としては、都には大学があり、地方には国学があった。けれども、大学には五位以上の官吏の子弟しか入学が許されず、国学もほぼ似たような条件であった。誰でもが入れる学校ではなかったのだ。

そのほか、私立の大学もあるにはあった。しかし、それは各氏族が設立した学校で、一族の子弟しか入学が許されない。たとえば藤原氏の勧学院《かんがくいん》、在原《ありわら》氏の奨学院《しょうがくいん》がそれである。

ともかく、一般庶民が学べる学校はなかったのだ。

そこで空海は、誰でもが入れる学校をつくったのである。それが綜芸種智院である。

大唐の城坊には坊ごとに閭塾《りょしゆく》を置いて普《あまね》く童稚を教ふ、県《さと》ごとに郷学を開いて広く青衿を導く。是の故に才子城に満ち、芸子国に盈《み》てり。今、是の華城《かせい》には但《ただ》一《ひとつ》の大学のみ有り、閭塾有ること無し。是《こ》の故に貧賤《ひんせん》の子弟津《つ》を問ふ所無し。遠坊の好事は往還するに疲れ多し。今此の一院を建てて普く童蒙《とうぼう》を済《すく》はむ、善からざらむや。

〈大唐国の都では、各区ごとに塾を置いて児童を教え、各県に郷学（地方の学校）を開いて広く学童を導いている。それ故、才能のある者が都に満ち、六芸に達した者が国に満ちている。いま、この平安京には大学が一つあるだけで、塾はない。それ故、貧しい子弟が教育を受けることができない。遠方の村里の好学心を持つ者は、往復するだけで疲れてしまう。いま、この綜芸種智院を建てて大勢の学童を救おうとする。いいことではないか〉

これは、『性霊集補闕抄』（巻第十）に収められている、空海の「綜芸種智院設立趣意書」ともいうべきものからの引用である。空海は唐で見た閭塾《ろじゅく》を参考に、この私塾の創設を思い立ったのである。

だが、空海は僧侶だから、綜芸種智院は僧侶の養成機関だろうと早合点してはいけない。そこでは、陰陽道《おんようどう》・法律・医学・音楽等々、ありとあらゆる学芸が教授された。また、仏教はもちろん、儒教も道教もそこで講じられている。まさしく、〝綜芸《しゅげい》〟（〝綜〟は「総合」の意）なのだ。

そして空海は、この学校を完全給費制にした。貧しくても学びたい気持ちのある者には、奨学資金を出して経済的保証をしたのである。また教授陣に対しても高給でもって経済的な保証をしている。

なかなか雄大な教育理念であり、構想であった。

だが、残念なことに、この綜芸種智院は空海没後十八年で潰れてしまった。経済的にもたなくなってしまったためである。空海という人物がいたからこそ、運営ができた学校であったわけである。

密教の本質は民衆仏教

こうして見ると、空海は結構忙しかった。天皇の病気平癒のための祈禱をしたり、頼まれて周忌法要のための願文を撰したり、書道の揮毫をしたり、あれこれと雑用だらけである。雨乞いをしたのも、神泉苑の一度だけではなかった。天長五年(八二八)五月にも、内裏でそれをやっている。その効験により、朝廷は空海を大僧都に任じたのであった。

なんだか空海は、あれこれの政府委員をつとめ、また大企業のプロジェクトに引っ張り出される、昨今の有名大学教授を思わせる。どうしてそんなに忙しくしないといけないのか?!　そんな批判にも似た言葉を、空海に向かって投げかけたくなる。

しかし、忘れてならないのは、空海が密教の僧であることだ。

このことはすでに述べたが、古代の日本において、仏教は本質的に国家仏教であり、仏教の僧（官僧）は基本的に国家公務員であった。つまり、国家のための仏教であった。したがって、仏教および仏教僧は民衆とは遊離していた。

じつは、インドにおいて、小乗仏教と呼ばれているものが、民衆から遊離した仏教であった。小乗仏教の僧は、地方の権力者や富豪からの寄進を受け、「仏教学」と称する、いわば趣味的な学問研究に没頭していたのである。彼らは民衆の苦悩には無関心であった。

そこに大乗仏教が興起した。大乗仏教の興起は紀元前後のころ、すなわち釈迦の入滅後五百年もしてからであるが、民衆と遊離した仏教ではなく、

――在家信者による、在家信者のための仏教――

のスローガンのもとに、新しく提唱された仏教が大乗仏教である。在家信者とは民衆にほかならない。したがって、大乗仏教は本質的に、

――民衆仏教――

である。そのように見るのが正しい仏教の見方である。

そして、その大乗仏教をより民衆化したのが密教である。

インドにはヒンドゥー教と呼ばれる民族宗教がある。〝ヒンドゥー〟は〝インド〟とまったく同義であり、それ故、ヒンドゥー教はインド教なのだ。そして、インド人はみんなヒンドゥー教徒である。これは、インド人はインド人だと言っているのと同じことで、インド人であるかぎり彼らはインドの風習・習俗に生きている。早い話が冠婚葬祭はすべてインドの習俗――ヒンドゥー教――に従って営《いとな》まれるのであり、たとえ仏教徒であろうと、彼がインド人であるかぎりヒンドゥー教徒であることにまちがいない。

だから、民衆の中に芽生えた大乗仏教は、その民衆がヒンドゥー教徒であるのだから、どんどんどんどんヒンドゥー教化していく。そのヒンドゥー教化した仏教が密教である。インドの地において密教が成立したのは、七世紀のころである。

これが、歴史的に見た密教という宗教の成立であり、特色である。要するに、歴史的に見れば、密教とは、

――ヒンドゥー教化した大乗仏教――

にほかならない。それ故、密教には、多数のヒンドゥー教の神々——聖天《しょうでん》・弁財天・吉祥天《きっしょうてん》・荼枳尼天《だきにてん》など——が採り入れられているのである。

で、空海は密教者である。その空海が、それまでの国家仏教の殻《から》を破って、民衆のためのの仏教を考えたのは当然のことである。彼は密教人間だから、民衆のためにあれこれ忙しく活躍したのであった。

8
僧に専念する空海

空海への東寺の給預

密教は民衆仏教だから、いわゆる「俗事」と呼ばれるものが、密教にとって大事な仕事になる。俗事・雑用を嫌ってはいけない。空海のように、雑用を楽しくやってのけることができれば、密教人間として一人前であろう。

それはそうであるが、空海は仏教僧である。密教僧であると同時に、日本における伝統的な仏教僧でもあった。

だから、雑用ばかりをしておれない。

伝統的な僧としての仕事もせねばならないのである。

弘仁十四年（八二三）正月十九日に、朝廷は東寺を空海に給預した。東寺は官寺である。官寺を給預されるということは、いわば国立大学の総長に任命され、その運営をまかせられることである。

じつは、この東寺の給預の七年前の弘仁七年（八一六）に、空海は高野山の下賜を朝廷に願い出ている。これは、自分のプライベート（といっても、弟子たちもそこに含まれる）な修行の場として高野山をくださいというのである。ちょうど最澄がプライベート（といっても、この場合は天台宗全体になる）に比叡山を修行の道場として いるように、空海は高野山を自分の修行道場にしたかったのだ。時代の前後からいえば、高野山についてを先にすべきであるが、高野山は空海入滅の場所であるから、後回しにする。

ともかく、高野山はプライベートな道場として空海に下賜されたものだ。それに対して東寺は官寺であり、こちらはパブリックである。

大阪に向かう新幹線が京都駅を出た直後、左の窓に五重塔が見える。あれが東寺の五重塔である。現在は、東寺は京都の便利な場所にあるが、空海の当時、東寺は都の南のはずれに位置した。都の中央に朱雀《すざく》大通りが走り、その一番南に羅生門《らしょうもん》があった。そして、羅生門の東面に一つずつ寺が建立された。東にあるのが東寺である。

桓武天皇は、奈良の都が仏教の弊害に悩まされたので、新しい平安京を造ったとき、都の中に寺院を建立させなかった。それで、都の南端に東寺と西寺を建てて、王城を鎮護させることを考えたのである。いわば門番的な役割の寺である。

その東寺が空海に給預され、西寺のほうは守敏《しゅびん》が賜《たまわ》っている、しかし、守敏がいかなる僧か、まったく不明である。

東寺を真言宗の専門道場とする

朝廷が空海に東寺を給預したのは、彼が高野山に隠棲《いんせい》してしまうことを嫌ったためであったと憶測できる。山に籠《こも》らず、もっと頻繁《ひんぱん》に都に出て来いといった命令でもあった。

すると、空海のほうは空海で、さっさと東寺を、

――教王護国寺《きょうおうごこくじ》――

と改名し、それを真言宗の寺にしてしまった。真言密教の修行者だけしか住めない寺に変えてしまったのである。

それ以前の奈良の寺には、一寺一宗の慣行はなかった。われわれは奈良の寺を、法相宗や三論宗、華厳宗の寺と色分けして捉《とら》えているが、そういう色分けができるようになったのはずっとあとのことで、最初はそれがなかった。どの寺においても、何を学んでもよかったのである。ちょうど現在の大学の研究室と同じで、そこで何を学んでもよい。しかし、主任教授がたまたま近代経済学の専門家であれば、学生も近代経済学を専攻するようになり、マルクス主義経済学を専攻しにくくなる。主任教授の専

東寺（教王護国寺）の五重塔（写真／時事通信フォト）

創建時の姿とほぼ変わらない東寺の金堂（写真／時事通信フォト）

門によって、××大学の経済学は近代経済学系だということになる。それだけのことである。

このようなあり方に、最初に反対したのは最澄である。彼は自分の比叡山を、『法華経』を中心とする天台教学だけを学ぶ専門道場にしたのである。ところが、最澄のその意図を知ってか知らずか、桓武天皇は勅命でもって、そこに密教教学を加えてしまった。最澄にとって、これは大きな迷惑であった。わたしは最澄に同情する。

この最澄の先例に倣《なら》うかたちで、空海は東寺、すなわち教王護国寺を、真言教学の専門道場としたのであった。他宗の僧の雑住《ぞうじゅう》を禁じたわけだ。

そして空海は、その年（弘仁十四年）の十月に、「真言宗所学経律論目録《しんごんしゅうしょがくきょうりつろんもくろく》」（「三学録」と略される）をつくった。これは、真言宗の僧となるには、いったいどのような経・律・論を学べばよいか、そのカリキュラムである。ただし、そのときはまだ真言宗に年分度者《ねんぶんどしゃ》（毎年、各宗に一定数の出家者の定員を与える制度における定員）は与えられていない。しかし、真言宗の空海によって、僧侶の養成・教育機関がここで整えられたのであった。

それから四年後の天長五年（八二八）には、この教王護国寺の隣に、前章で述べたように綜芸種智院が設立されている。この土地は、そこに住んでいた藤原家の貴族の藤原三守《ふじわらのみもり》が、自分は嵯峨の地に移るということで、空海に提供してくれたものだ。そしてさらに、空海は綜芸種智院の横に施薬院《せやくいん》を設立している。施薬院は、病人の治療をし、薬を与える施設である。学校といい病院といい、空海は寺をたんなる僧侶の教育施設とは考えていなかった。空海は寺院を拠点に社会事業をやりたかった。そこに密教人間＝空海の特色があるといえよう。

空海の著作

僧がやるべき仕事、やらねばならない仕事といえば、「教育と研究」ということになろう。弟子の養成・教育と、みずからの仏教学の完成である。

そして、その仏教学の完成、空海の場合でいえば密教学の完成であるが、それは思索や対論によって深められる。その深められた結果が著作になる。

次にわれわれは、空海の著作を読んでみよう。すでに触れたものもあるが、いちおう主な著作を全部紹介する。

1　『三教指帰《さんごうしいき》』（『聾瞽指帰《ろうこしいき》』）

空海の処女作であり、延暦十六年（七九七）十二月一日の年紀がある。空海二十四歳のときの作。

この作品は戯曲仕立てで書かれており、蛭牙公子《しつがこうし》という放蕩者の青年を、その保護者である兎角公《とかくこう》が、儒教の学者である亀毛《きもう》先生を呼んで来て、青年に説教させる。不良青年は亀毛先生の道徳論を聞いて、いったんその気になる。ところが、兎角公の邸内に住む虚亡陰士《きょぼういんし》が、儒教は所詮、俗世の権力に媚《こ》びる教えでしかないと儒教批判をし、それよりは神仙の世界に遊ぶにしかずと、道教の思想を説く。それで、皆は虚亡陰士に傾きかけた。

そこに仮名乞児《かめいこつじ》の登場である。乞児は明らかに空海をモデルとした仏教者である。彼は、出家すれば忠孝に叛《そむ》くといった非難――じつは、この非難は、青年空海に対して親族や世間が無言のかたちで浴びせたものであった――に答え、人々が言う安っぽい孝行ではなく、生死流転の中で父母を救う真の孝行があるはずだ。その真の孝行を仏教は教えていると主張する。そして、儒教や道教は、たんに世間の道理を説くにすぎない。仏教こそが宇宙の真理を説くものだ、と喝破し、論争に終止符を打つ。最後に蛭牙公子が仏道に精進することを誓ったところで大団円となる。

2章でも語っておいた（三七ページ参照）が、本書は、われは儒教・道教を捨て仏教の道を歩むと空海が人々に宣言《マニフェスト》した決意表明の書である。

なお『三教指帰』とほぼ同じ内容のものに『聾瞽指帰』がある。研究者のあいだでは、『聾瞽指帰』は下書き、『三教指帰』は決定稿とみなされている。

2　『御《ご》請来目録《しょうらいもくろく》』

これについても、5章で述べておいた（一〇七ページ参照）。

空海が唐から帰朝したとき、みずから請来した品々を網羅した目録を朝廷に提出した。それが『請来目録』であるが、真言宗ではこれに〝御〟の字を冠して『御請来目録』とする。これは留学を終えた空海の帰朝報告書とでもいうべきものである。詳しい内容については省略する。

3　『弁顕密二教論《べんけんみつにきょうろん》』

空海が密教の立場に立つからには、密教がそれまでに日本に存在する仏教――密教のほうからはそれを〝顕教〟と呼ぶ――よりも優《すぐ》れた教えであることを立証せねばならない。そのために、顕教と密教の違いを明らかにし、密教の優秀性を明らかにしたのが本書である。

この書の成立年代は弘仁六年（八一五）、空海の四十二歳のころと推定されている。弘仁六年といえば、空海が泰範に代わって最澄に書簡を送った前年だ。顕教を代表する最澄と、密教を代表する空海の対立が尖鋭化していく。そうした中での執筆であるから、明らかに最澄を意識している。けれども、空海はけっして感情的にならず、理論的に論旨を展開する。そこが空海のいいところである。

まず空海は、顕教と密教の「仏身」の違いを明らかにする。

仏身論は、仏教の最初からの大きなテーマである。仏教の開祖は釈迦であるが、その釈迦の肉体（それを〝色身《しきしん》〟という）は消滅した。しかし、釈迦が説いた真理（それを〝法〟という）は不滅である。ということで、「仏」というもののあり方を「色身仏」と「法身仏」に分けて考えるようになった。色身仏とは肉体を持った仏であり、法身仏は肉体を超越した存在、真理（法）そのものを身体とする仏である。そしてその後、色身仏を応身仏《おうじん》と報身仏《ほうじん》に分けるようになった。応身仏とは、真理（法）の世界から教えを説くためにこの世に来現した仏であり、報身仏とは、われわれが修行の結果、その報《むく》いとして仏になることのできる、そういう仏である。

ちょっと説明がむずかしいかもしれないが、法身仏とは真理そのもの、応身仏・報身仏とは、その真理が現象界に仮に姿を現わしたものと思えばよい。

そして空海は、顕教はその応身仏・報身仏の教えであり、密教は法身仏の教えであると主張する。これが『弁顕密二教論』における空海の基本主張となっている。

そうすると、そこから言えることは、顕教は、相手の性質や能力に応じて仏が説かれた仮の教えだということになる。それ故、劣っているのだ。それに対して密教は、時間と空間を超越した法身仏が時間・空間に制約されずに説いた真の教えであるから、優れた教えなのだ。顕教は浅略であり、密教は秘奥である。

また、顕教においては、「因分可説・果分不可説」ということが言われている。われわれは功徳を積むことによって仏となるのだが、その功徳を積むのが、「因」で、その結果として仏となるのが「果」である。そして、われわれが功徳を積む、努力をするという「因」の部分については、顕教は教えることができる（因分可説）が、その結果として仏のあり方については説くことができない（果分不可説）というのが顕教である。それに対して空海は、しかし密教であれば、果分を説くことができるぞと主張し、それによって密教の優秀性を語る。

さらにまた、因分についても、顕教は修行によって仏になることができるというが、その修行には厖大な時間がかかる。いわゆる三大阿僧祇劫《あそうぎこう》といわれる、無限ともいうべき時間ののちに成仏できるというのが顕教の考え方だ。それに対して密教は即身成仏を説く。輪廻転生をして、わたしのこの身体を失って他の身体になって成仏するのではない。わたしのこの身体このままで成仏できるのだ。それが空海の言う「即身成仏」である。

このように空海は、いろんな角度から顕教と密教を比較検討し、顕教に対する密教の優越を説く。その論旨はよく分かる。ところが問題は、空海の言う、

——法身説法——

が成り立つか否か、である。

顕教が応身・報身による説法であることは、顕教自身が認めている。しかし、法身というものは、時間・空間を超越した存在であり、色も形もない存在、われわれにそれを考えることもできない存在であるから、その法身が説法するなんて不可能だ。不可能であるからこそ、応身仏・報身仏がこの現象世界に現われて出たのである。顕教はそう考える。

だから、いくら空海が、密教は法身説法だと主張しても、法身仏が説法できることが証明されないかぎり、空海の主張は崩れてしまう。そこで空海は、『弁顕密二教論』において、数多くの経典や論書を引用して、密教の「法身説法」を証拠づけている。その博引旁証が『弁顕密二教論』の大きな特色となっている。でも、それだけに読みにくい。読んでいて退屈する。わたしも最初にこの書を読んだとき、いささかうんざりしてしまった。だが、その博引旁証が本書の真骨頂であるのだから、退屈してはいけませんよね。

4 『即身成仏義《そくしんじょうぶつぎ》』

この『即身成仏義』が成立したのは、弘仁十年（八一九）のころと推定されるが、詳細な年次は不明。空海の四十六歳のころの作であろう。

そもそも仏教は、成仏を目的とする宗教だ。悟りを開いて仏になるのが最終目的で、そのために教えを学んで修行をする。ところが問題は、それに無限ともいうべき厖大な時間がかかる点だ。そんなに厖大な時間の彼方の成仏だと、わたしたちが生きている現世では仏教は何の役にも立たないことになってしまう。それじゃあ、何のために修行するのか？　そのような疑問が当然にある。空海もこの疑問から出発し、それに対するアンチテーゼとして「即身成仏」の理論を提起する。

問ふていはく、「諸経論の中に、みな三劫成仏《さんごうじょうぶつ》と説く。今、即身成仏の義を建立する。何の憑拠《ひょうこ》かある」。

〈質問します。「もろもろの経典・論書は、三劫成仏といって、限りなく長い期間の修行の末にようやく仏になれると説いています。ところが、あなたは、即身成仏、すなわちこの身体のままで悟りを開いて仏になれると主張していますが、どのような根拠があってそういう主張になるのですか？」

『即身成仏義』はこのように始まる。そして空海は、『大日経』『金剛頂経《こんごうちょう》』の二経と、『菩提心論《ぼだいしんろん》』の一論から八つの文章を引用して、その問いに答える。空海はそうすることによって、「即身成仏説」がけっして独断ではなく、経論に裏づけられたものであること、したがって仏説にほかならないことを証明したわけだ。
次に空海は、自分がつくった八句（八つの詩）を掲げ、その八句を順次解説するという形式によって、即身成仏説の内容を明らかにする。

六大無礙《むげ》にして常に瑜伽《ゆが》なり
四種曼荼《まんだ》　各《おのおの》　離れず
三蜜加持すれば速疾《そくしつ》に顕《あら》はる
重重帝網《たいもう》なるを即身と名づく

法然に薩般若《さはんにゃ》を具足し
心数心王刹塵《しんじゅしんのうせつじん》に過《す》ぎたり
各《おのおの》五智無際智を具す
円鏡力《えんきょうりき》の故に実覚智なり

さて、この詩を一つ一つ解説していけば、それだけで一冊の本になってしまう。したがってここでは解説を加えない。それじゃあ、何のために引用したかと詰問されそうだが、ちょっと空海の文章のスタイルを味わってほしかった、と答えておこう。それから、記憶にとどめておられる読者もおられよう。この詩の第一句――《六大無礙にして常に瑜伽なり》――は、すでに4章で引用してある(八三ページ参照)。そこでも言っておいたが、宇宙を構成する要素と原理と、われわれ一人一人の自己を構成する要素と原理は、まったく同じものだ、というのが第一句。そして、宇宙と自己を表現すれば、まったく同じになり、仏の動作と自己の動作も同じであるから、自己がそのままで仏なのだ――というのが最初の四句である。

後半の四句は、仏と衆生との本質的な同一性を言ったものである。本質的に同一であれば、われわれは仏になる必要はない。われわれはすでに仏であるのだから、そのまま仏として生きればよい。というのが、空海の「即身成仏」の理論である。

5　『声字実相義《しょうじじっそうぎ》』

空海はこの書においても詩を掲げ、それを解説する形式で論を進める。こういうスタイルがよほど、空海の気にいっていたらしい。その詩は、

五大にみな響《ひびき》あり
十界に言語《ごんご》を具す
六塵ことごとく文学なり
法身はこれ実相なり

というものである。

〝五大〟とは、地・水・火・風・空の五つの構成要素。顕教では、万物を構成する要素として四大を説くが、密教はそこに空を加えて五大とする。その五大がすべて響きを発している、すなわち声を発していると空海は言うのである。

次に十界である。十界とは、仏の世界・菩薩の世界・縁覚《えんがく》（小乗仏教の聖者）の世界・声聞（小乗仏教の自利の修行者）の世界・天人の世界・人間界・阿修羅《あしゅら》（魔類）の世界・畜生界・餓鬼界・地獄界であるが、そのそれぞれに言語があると空海は言う。

そして六塵《ろくじん》。これは六境《ろっきょう》とも呼ばれ、色・声・香・味・触・法の六種の認識対象である。その認識対象がすべて文字だと、空海は言うのだ。

ということは、この宇宙を構成するあらゆるもの、森羅万象ことごとくが声字なのだ。それは、大日如来が真理を語る声であり文字である。したがって、声字がそのまま真理を表現していることになる。空海はそう言うのである。

そしてまた、空海は次のように言う。

名の根本は法身を根源となす。彼より流出《るしゅつ》してやうやく転じて世流布《せるふ》の言《ごん》となるまくのみ。

〔名（＝声字）の根本は、大日如来という法身を根源としている。その法身より流出して、次第に変転して、最後には世間に流布している言語になるのだ〕

では、われわれが日常生活で使っている言語はどうか？　空海は、それは法身＝大日如来という最高の真理に根源があり、それが変化したものだと見る。だから、微《かす》かではあっても、その中に真理が悟られているのである。普通、顕教では、言葉を信用しない。言葉によっては、釈迦が悟った真理を伝達できないとする。しかし空海はそうではない。宇宙の森羅万象の響きが、大日如来の説法だと見る。それが密教の立場だ。その密教の言語観を示したものが、この『声字実相義』である。

本書が空海によっていつ書かれたかは分からない。しかし、『即身成仏義』のあとで書かれたことだけは分かる。とすれば、空海の四十歳台の後半であろう。

6 『吽《うん》字《じ》義《ぎ》』

この書は題名の通り、〝吽《うん》〟という字の意味を明らかにしたものだ。〝吽〟は左上のサンスクリット語に宛てられた文字で、正確に発音すれば hūm（フーム）となるが、それを短くクンと読み〝吽〟の漢字を宛てたのである。

空海は、この〝吽〟を分解して、〝賀《か》ha〟と〝阿《あ》a〟と〝汙《う》ū〟と〝麽《ま》ma〟の四字にする。そして、その四字の意味を考えたのが『吽字義』である。

真言宗においては、『即身成仏義』と『声字実相義』と、この『吽字義』の三書を「三部書」と呼び、空海教学の根幹をなす書としている。わたしに言わせれば、空海はちょっと言葉遊びをしている面がないでもないが、ともかく〝賀〟〝阿〟〝汙〟〝麽〟

の四字でもって、彼は真言密教の教義を見事に語っている。その意味では、なかなかユニークでおもしろい本である。なお、空海は、〝ha〟の音に最初は〝賀〟を宛てているが、後半になると〝訶〟の字を宛てる。一般に〝ha〟は〝訶〟でもって表記されるから、以下では〝訶〟を使うことにする。

さて、〝訶〟はサンスクリット語の〝ヘートゥ（hetu）〟の冒頭のhである。〝ヘートゥ〟は「原因」といった意味。したがって〝訶〟は「原因」を意味し、あらゆるものはすべて因縁より生ずるということを教えたのが〝訶〟である。そのように空海は解釈する。

次の〝阿〟は、サンスクリット語ではあらゆる文字にaの音が含まれている。したがって、空海は、〝阿〟はあらゆる文字の母であり根源であり、すべての実相の根源だとする。さらに、一方においてサンスクリット語のaは否定辞であって、「非」「不」「無」を意味する。それ故〝阿〟は、諸法が空であることを教えたものである。

第三の〝汙〟はサンスクリット語の〝ウーナ（ūna）〟の冒頭のūであり、これは「損減」を意味する。それ、われわれは〝汙〟の字を見て、すべてのものが無常であり、苦であり、空であり、無我であることを知るのだ。

最後の〝麼〟字は、サンスクリット語の〝怛《と》麼《ま》（ātman）〟であって、訳せば「我」になる。この我に人我と法我がある。我という存在があると見るのが人我で、物があると見るのが法我で、ともに妄執である。実際には我と見るべき実体はないのだ。そのことを教えたが〝麼〟字である。

このように言ったあとで、空海はさらに細かく四字を分析し、解釈する。そしてそのあとで、四字を総合して〝吽〟にし、〝吽〟の意味を考察する。縦横無尽に語る空海の口調に感心すると同時に、いささか疲れを覚えるのはわたしだけであろうか。

本書の執筆年代も不明である。たぶん『声字実相義』と前後して書かれたと思われる。

7 『般若心経秘鍵《はんにゃしんぎょうひけん》』

本書の成立年代は、古来、弘仁九年（八一八）説と承知元年（八三四）説の両説がある。前者だと空海四十五歳、後者だと六十一歳になる。

さて、本書の最後の部分で、空海は、

顕密は人に在り。声字はすなはち非なり。

と言っている。一般には、この経典は顕教の経典、これは密教経典と分離されているが、空海は、そうではないと言う。顕教と密教の相違は、それを読む人の側にあって、経典と声字に相違はないと言うのだ。

『般若心経』は、一般的な意味では顕教の経典とされる。しかし空海はこれを密教経典とし、密教の立場から『般若心経』を解釈したのが本書である。

では、『般若心経』の密教的解釈とはどういうものか？　それを語るには、『般若心経』の全文を読まねばならぬ。そうすると一冊の本になってしまう。だからここでは解説できない。興味のある人には、空海の『般若心経秘鍵』を読んでいただくよりほかない。

8　『秘密曼荼羅十住心論《ひみつまんだらじゅうじゅうしんろん》』

天長七年（八三〇）、淳和《じゅんな》天皇が各宗の高僧に、それぞれの宗の大綱を撰して提出せよとの勅命を出した。それに応えて華厳・天台・三論・法相・律から宗旨の大要をまとめたものが提出されたが、そのとき空海が密教の宗義を撰述したものが本書である。全十巻という浩瀚《こうかん》な著述の出来栄えのすばらしさに、各宗はたじたじとなった。なかでも天台宗のショックは大きかったと伝えられている。天長七年といえば、最澄没してすでに八年になる。最澄の後継者たちは、そのショックのあまり天台の密教化の道をさぐり、それが円仁《えんにん》（七九四―八六四）、円珍《えんちん》（八一四―八九一）の二人が密教を求めて入唐する契機となったと考えられる。だとすると、この『秘密曼荼羅十住心論』が日本の仏教に及ぼした影響は絶大である。なお、本書はしばしば『十住心論』と略称される。

さて、本書の内容はといえば、人間の心のあり方を、発展段階的に十に分かち、一つ一つが次の段階につながることを教えたものである。それを見ていこう。

第一住心　異生羝羊心《いしょうていようしん》……〝異生〟とは「愚かな凡夫」のこと。われわれは愚かである。愚かというのは、煩悩《ぼんのう》に迷っているのだ。そのために、さまざまな世界――地獄・餓鬼・畜生・修羅・人・天――に姿、形を変えて生まれ変わる。そこで〝異生〟という。そして、〝羝羊〟は「雄羊《おひつじ》」。つまり、この段階の人間は倫理以前であり、ただ本能のままに、性と食だけに関心を示し、あくせくと生きているのである。

第二住心　愚童持斎心《ぐどうじさいしん》……〝持斎〟というのは、仏教では、出家者は正午過ぎに食事をとってはならないとされている。その戒を守るのが持斎であるが、ここではそういう食事の戒を守るだけではなしに、全般的な道徳心が芽生えることを言っている。第一の異生羝羊心の段階では、人間は他人から奪い取ることばかり考えていたが、ここでは他人に布施する心が出てきたのである。考えてみると、資本主義社会に生きる現代日本人は、自分が「儲《もう》けること」つまり他人から奪うことばかり考えている。第一段階にいるわけだ。われわれは空海に教わって、少しでも早くこの第二段階に達せねばならないと思う。

第三住心　嬰童無畏心《ようどうむいしん》……〝嬰童〟とは「幼児」のこと。人間に宗教心が起きると、ちょうど幼児が母親のふところに抱かれたときのような安心感が生じる。それが〝無畏〟である。畏《おそ》れがなくなるのだ。空海はこの第三段階において、やっと宗教心が芽えたとする。ただし、宗教といっても、そこには仏教は含まれない。仏教は次の第四段階から始まるのである。

第四住心　唯蘊無我心《ゆいうんむがしん》……これは小乗仏教の段階である。また、奈良の六宗のうちの倶舎《くしゃ》宗や成実《じょうじつ》宗がこれにあたる。〝蘊〟というのは五蘊で、現象世界を構成する五つの要素——色《しき》・受《じゅ》・想《そう》・行《ぎょう》・識《しき》——であるが、それらのすべて、「無我」であるというのだ。無我というのは実体がないということ。現象世界の万物は、五蘊が仮に和合しているだけで、実体がなく、永続性もないという主張である。

第五住心　抜業因種心《ばつごういんじゅしん》……これも小乗仏教の段階である。第四と第五の違いは、空海は、第四は声聞乗《しょうもん》、第五は独覚乗《どっかく》とする。声聞は仏の教えを聞いて悟る者、独覚は仏の教えによらずにみずから悟る者であるが、ともにみずからの悟りを目指すだけで、人々に利益《りやく》し教化しようという気がない。独善的な聖者である。さて、この「抜業因種心」は、われわれの悪業の原因、種《たね》となるものを取り除こうとする段階である。しかし、自分の苦しみだけを取り除こうとするから、そこには利他の心がないのである。

第六住心　他縁大乗心《たえんだいじょうしん》……ここで利他の心、他人に対する慈悲の心が起きてくる。空海は、この第六住心に相当する仏教として、奈良の法相宗をあて、それを権大《ごん》乗とする。〝権〟とは「仮《かり》の」といった意味で、まだ大乗仏教になっていないが、大乗的なものに近づいているというのである。では、なぜ法相宗が利他の心になるのか？　それは、法相宗が唯識《ゆいしき》の立場に立ち、いっさいの事物は自分の心のはたらきがつくったものと考えるから、そこで他人が自分とつながってくるからである。

第七住心　覚心不生心《かくしんふしょうしん》……これは奈良の三論宗に相当する。第六と同じ権大乗の教えである。第六においては、慈悲心が説かれているが、なおそこでは人々の機根（素質と能力）に差があると考えられている。けれども、「一切は空である」という三論宗の空観の立場に立つと、差別はなくなりすべてが平等になる。それがこの第七住心で、いっさいのものを不生不滅、すなわち実体がないという段階にまで精神が進んだ状態である。

第八住心　如実一道心《にょじついちどうしん》……第六と第七は権大乗であり、この第八住心になって本格的な大乗となる。「如実一道心」はまた「一道無為心《いちどうむいしん》」「如実知自心《にょじつちじしん》」「空性無境心《くうしょうむきょうしん》」ともいわれ、すべてのものが本来的に清浄であり、それ故、対立を離れて一如であるといった自覚に到達した境地がこれである。これは『法華経』の説く世界観であり、最澄が開いた天台宗の立場である。

第九住心　極無自性心《ごくむじしょうしん》……この第九住心が顕教の最高の境地であり、空海は華厳宗の立場だとする。最澄は南都（奈良）の仏教より天台のほうが優れていると主張したが、空海は天台を第八に、南都の華厳宗を第九とした。われわれは現象世界と真理の世界を二分して考えるが、それはわれわれが海を見て、あれは波だ、水だと区別しているようなもの。風が吹けば波になり、静かであれば水になる。現実世界と理想世界もそれと同じで、あるときは波となり、あるときは水となる。万有（現実）において一者（絶対真実）を見、一者（絶対真実）の中に万有（現実）を見る。それがこの第九住心であり、空海はこのような華厳哲学が、仏教哲学の終局点だと考えた。

第十住心　秘《ひ》密《みつ》荘《しょう》厳《ごん》心《しん》……第九住心は哲学的世界観・宇宙論としては完成しているが、しかしその段階だとあくまでも観想でしかない。大事なことは、われわれがそこに飛び込んでいくことである。その飛び込みによって、現実世界が理想世界となって出現する。別の表現をすれば、自分のことを徹底的に究めると、その中に悟りがあることに気づく。その自分の中にある悟りが菩提心である。そしてわれわれがその菩提心と一体となったときが秘密荘厳心である。もちろん、これが密教の立場である。

　このように空海は、心の世界を十に分けて論じている。第一が倫理以前の世界で、第二・第三が儒教・道教、第四・第五が小乗仏教、第六・第七が権大乗、第八・第九が大乗、そして最後の第十が密教になる。そう見ると、第十だけが密教で、あとの九は顕教ということになる。すなわち、

——九顕一密——

になるわけだ。だが、『十住心論』をよく読んでみると、空海は、それぞれの住心を説明したあとで、これも見方を変えると密教になると言う。たとえば、われわれが性と食だけにあくせくしている第一住心にあっても、真実の心の目を開いてそれを見れば、その中に最高の価値を見出せるのである。したがって、すべての住心がすべて密教と見る見方、すなわち、

——九顕十密——

といった見方を、空海は『十住心論』の中で展開していると読むべきである。そういう解釈が正しいようである。

9　『秘蔵宝鑰《ひぞうほうやく》』

『秘密曼荼羅十住心論』が全十巻という浩瀚なる著述であるため、空海はそれをコンパクトにした三巻の略本をつくった。著述の年代は不明であるが、『十住心論』と

ほぼ同じころと推測されている。なお、『秘蔵宝鑰』の〝秘蔵〟とは「秘密の蔵《くら》」である。〝宝鑰〟の〝鑰〟は「鍵」の意。われわれの目の前に曼荼羅世界がある。本当はその世界はオープンになっているのに、迷っている凡夫にはそれが鍵のかかった蔵《くら》のように見える。その蔵の扉を開く鍵を教えた書が『秘蔵宝鑰』である。

さて、本書の冒頭の部分に、よく知られた詩がある。

三界の狂人は狂せることを知らず
四生の盲者は盲なることを識《さと》らず
生れ生れ生れ生れて生《しょう》の始めに暗く
死に死に死に死んで死の終りに冥《くら》し

〝三界〟とはわれわれの凡夫の住む世界。〝四生〟はあらゆる生き物。つまり、われわれ凡夫は迷いに迷い、狂いに狂っている。真理に盲目だ。にもかかわらずみずからの狂いに気がつかず、盲目ぶりに気づいていない。生れては死に、また生れては死ぬ、流転輪廻を繰り返しつつ、その生まれる前の自己、死んだのちの自己について、何も知らないでいる。そういった意味の詩だ。そこからわれわれは出発し、順次十の段階を昇っていく。

その十の段階（十住心）は、『十住心論』とまったく同じであるが、空海は『秘蔵宝鑰』においては、最初におのおのの心の世界を要約した詩をそえている。それを現代語訳して示すことにする。

第一異生羝羊心《いしょうていようしん》……凡夫は迷いつつ、わが迷いを知らず。ただ性と食のみを思う、雄羊のごとし。

第二愚童持斎心《ぐどうじさいしん》……何かの縁によりて、たまたま節食を思う。穀物の種が蒔《ま》かれ、発芽するようなもの。

第三嬰童無畏心《ようどうむいしん》……天界に生まれ、しばしの安心。嬰児《えいじ》と子牛が母に抱かれるがごとし。

第四唯蘊無我心《ゆいうんむがしん》……ただ物のみありて、実体なきを知る。教えを聞いて悟る者は、この段階。

第五抜業因種心《ばつごういんじゅしん》……いっさいは因縁より成るを知り、無明の種を除き、ただ独り悟りの果を得る。

第六他縁大乗心《たえんだいじょうしん》……衆生に対する大慈大悲の心を起こし、すべてが識にして対象なきを知る。

第七覚心不生心《かくしんふしょうしん》……すべてを空と観ずれば、執着が断ち切られ、心は静まって安楽。

第八如実一道心《にょじついちどうしん》……現象は差別なく清浄であり、主観と客観とが合一している。そのような心の本性を知る者を仏（大日如来）という。

第九極無自性心《ごくむじしょうしん》……水にそれ自体の定まった性はない。風起きて波が立つ。悟りの世界は究極がなく、どこまでも深まる。

第十秘密荘厳心《ひみつしょうごんしん》……顕教は塵《ちり》を払うだけ。真言密教が庫《くら》の扉を開く。開けば秘宝がたちまち現われ、あらゆる功徳が実現される。

ところで、『秘蔵宝鑰』は『十住心論』とほぼ内容が同じであるが、その立場は違っている。すなわち、『十住心論』においては、空海は「九顕十密」（すなわち、すべてが密教だという主張）の立場をとるが、この『秘蔵宝鑰』においては「九顕一密」の立場をとっている。それは、『秘蔵宝鑰』が、他宗に対して真言宗の教学を明確にさせるといった目的で執筆された書であったからであろう。一方、『十住心論』

は、そんな教学を超えた、空海の哲学論を展開した書である。わたしには宗派の問題はどうでもいい。真言宗と天台宗のいずれが優《すぐ》れているか、そんなことには関心がない。それ故、わたしは、『秘蔵宝鑰』よりも『十住心論』のほうが好きである。『十住心論』は、日本人が書いた哲学書の最高峰にあると思っている。

10 『文鏡秘府論《ぶんきょうひふろん》』

本書は漢詩文のアンソロジー（詞華集）である。全六巻より成るが、空海自身が書いた文章は総序と、二つの小序のみで、あとは中国六朝から唐中期までにわたって中国人が制作した漢詩文を集めたものである。本書の縮約本である『文筆眼心抄』の成立が弘仁十一年（八二〇）であるから、『文鏡秘府論』がそれ以前の成立であることはまちがいない。

11　『性霊集《しょうりょうしゅう》』

正しくは『遍照発揮《へんじょうほっき》性霊集』という。なお『性霊集』は〝せいれいしゅう〟といった読みもある。本書の編者は空海の弟子の真済《しんぜい》（八〇〇―八六〇）。彼は、空海のつくった詩や書簡・碑文・上表文・啓文・願文などを集めて、全十巻の詩文集をつくった。ところが、平安の中期以後、どこかの時点で、そのうちの八・九・十の三巻が散逸してしまった。そこで仁和寺《にんなじ》の学僧の済暹《さいせん》（一〇二五―一一一五）が苦心して逸文を蒐集して『続性霊集補闕鈔《ほけつしょう》』三巻を編み、元の十巻に復元した。それゆえ、そこには空海以外の人になる作品も数編が混じっているようである。

それはそれとして、『性霊集』全十巻には、一一一の格調高い詩文が収録されており、空海の生涯の活動と思想をよく物語り、また空海の人間性を知るための貴重な資料であることは否定できない事実である。

9 山に眠った空海

二重の人格を持つ空海

〝二重人格〟あるいは最近では〝多重人格〟といった言葉があるようだが、一人の人間がまったく異なる二つ以上の人格を持っていることを言う。これは人格障害であって、あまりいい言葉ではない。だから、わたしがここで「空海は二重人格であった」と言えば、真言宗の人々からお叱《しか》りを受けること必定であるが、空海という人間のうちには微妙に違った二つの人格が潜《ひそ》んでいたように思う。

その一つの人格は、民衆のために何かをしたいという、社会への働きかけを積極的に推進しようとする面である。

もう一つの面は、世俗的なものをいっさい捨ててしまって、山に籠って静かに一人でいたいという願望である。

この後者の願望は、どちらかといえばインド密教の特徴である。

それに対して中国密教は、前者、すなわち社会の中での活動を重視する。

われわれは、空海が積極的に社会に働きかけたことを7章で考察した。万濃池の修築をしたり、雨乞いをやったり、また庶民のための学校を開設したり、空海はあれこれのことをやっている。

その空海が、あるときは次のように言うのだ。

空海弱冠《じゃっかん》より知命《ちめい》に及ぶまで山藪《さんそう》を宅《いえ》とし、禅黙《ぜんもく》を心とす。人事《じんじ》を経《へ》ず、煩砕《はんさい》に耐へず。

この文章は四六ページですでに引用したものであるが、天長元年（八二四）四月六日に空海が朝廷に出した「少僧都《しょうそうず》を辞《じ》する表」の中にあるものだ。彼が少僧都に任じられたのはその年の三月二十六日。しかし彼は、わたしは二十歳から五十歳のころまでずっと山歩きをしていて、世俗の経験がない。だから少僧都を辞任したいと申し出たのである。万濃池の修築や学校の開設に奔走した空海の言葉とは思えない。まるで別人の言葉だ。

また、弟子の真済《しんぜい》作とされる『空海僧都伝』には、

常に門人に語らく、我が性、山水に狎《な》れて人事に疎《うと》し。またこれ浮雲《ふうん》の人なり。

とある。空海は、自分の本性は大自然に親しむことにあり、世俗に疎い。風に動く雲のごとき人間だ、と門弟たちに語っていたらしい。

こうしてみると、空海は、ある時期には世俗の仕事に奔走し、そしてある時期には、世俗を離れて山林に籠りたくなるらしい。それとも、彼はずっと山林に住みたいのだが、一種の使命感の故に庶民のための仕事に没頭するのだろうか。わたしは、後者の考え方は空海にふさわしくないと思う。もし後者の考え方に立てば、庶民救済の仕事を空海はたんなる義務としてやっていたことになる。そうではなかろう。空海は義務としてではなく、ときに庶民のために猛烈に働きたくなるのだ。そして、反動的に、また山林に住みたくなる。そういう性格の人であった。

まあ、その意味では、空海は二重の人格を持っていた。誤解されては困るが、空海の性格を、わたしはそのように捉《とら》えている。

高野山の下賜を願う

さて、空海といえば高野山となる。高野山は和歌山県伊都《いと》郡高野町にあり、海抜約九百メートルの山上に、東西四キロメートルにわたって広がる細長い町である。明治以前までは、ここは「金剛峯寺《こんごうぶじ》」と総称された。現在は高野山の町の中央に金剛峯寺といった総本山があるが、本来は高野山全体が金剛峯寺であったのだ。

空海が、この高野山に修禅の道場を建立したいと朝廷に願い出たのは、弘仁七年（八一六）六月十九日であった。その申請の文書が『性霊集』（巻第九）に収録されている。前後を省略して引用する。

空海少年の日、好むで山水を渉覧《しょうらん》せしに、吉野より南に行くこと一日にして、更に西に向つて去ること両日程、平原の幽地《ゆうち》有り。名《なづ》けて高野《たかの》と曰《い》ふ。計《はかりみ》るに紀伊国、伊都郡《いとのこおり》の南に当る。四面高嶺にして人蹤蹊絶《じんしょうみちた》えたり。今思はく、上《かみ》は国家の奉為《おんため》にして、下は諸《もろもろ》の修行者の為に荒藪を芟《か》り夷《たいら》げて、聊《わず》かに修禅の一院を建立せむ。

〔わたし、空海は少年のころよく山歩きをしましたが、吉野から南に一日、さらに西に二日ほど行けば、幽邃《ゆうすい》なる平原がありました。地名は高野《たかの》で、たぶん紀伊国の伊都郡の南に位置すると思われます。四面は高い嶺《みね》で、人が行かない土地です。この荒れ地を整地して、上は国家のために、下は修行者のために、ここに修禅の道場を建立したいと思います」

ちょっとおもしろいと思うのは、高野山の位置を説明するのに、吉野が基点となっていることだ。平安京の人々にとっては、高野山はとんでもない僻地《へきち》であったことがこれで分かる。

この請願により、朝廷が空海に高野山を下賜したのが同年七月八日。申請から一か月もしないスピード決裁であった。もっとも、昔はそんなスピード決裁はあたりまえであったのであろう。何事にももたもたしている現代の行政のほうがおかしいのである。

ところで、空海はなぜ高野山に目をつけたのか……?

さまざまな伝説がある。

たとえば、空海が帰朝のとき、中国の明州《めいしゅう》の海岸から三鈷《さんこ》（密教の法具）を投げた。日本に帰って密教を弘げるべき適当な土地を示したまえと、三鈷に托《たく》したのであ

高野山真言宗の総本山金剛峯寺 本殿（写真／時事通信フォト）

壇上伽藍に真言密教の象徴として建つ根本大堂

る。するとその三鈷が、高野山の現在の伽藍《がらん》の前の松の枝に引っかかったという。東シナ海を何千キロも飛び越えて高野山に達したというのである。いささか荒唐無稽の伝説であるが、先に引用した朝廷への申請書に付された、ある次官への手紙の中で、空海はこんなことを語っている。自分は帰国に際して大嵐に遭った。そこで自分は、無事に日本に着けば修禅の道場を建立し、観法に専心するといった誓いをたてた。帰朝して十二年間、あまりにも忙しくしていて、その誓いを忘れていた。いまそれを思い出して、このように高野山に修禅の道場を開くことを願い出ているのだ、と。だとすれば、それが背景にあって、三鈷の伝説がつくられたのかもしれない。この三鈷の伝説は、『今昔物語集』(巻第十一)に語られている。

ともあれ、早い時期に、空海は密教の道場の建立を考えていた。そしてその最適地として、青年のころに跋渉《ばっしょう》した高野の地を思い出し、朝廷に下賜を願ったのであろう。

密教の最高の聖地＝高野山

弘仁七年(八一六)七月八日付で、高野山は空海に下賜されたが、空海自身は高雄山寺に居住していた。高野山の草創は弟子たちにまかせていた。

高雄山寺にあって、空海は忙しい日々を送っていたようだ。人間、偉くなると雑用が増える。こればかりは仕方がない。雑用がいやなら、偉くならないことだ。

これは、空海に高野山が下賜されて十五年後のことであるが、天長八年（八三一）六月十四日、彼は、

大僧都空海、疾《やまい》に嬰《かか》つて上表して職を辞す奏状

を淳和天皇に差し出している（『性霊集』巻第九に収録）。その要旨は、

わたしは長年にわたって国家に奉仕してきましたが、先月の末、悪質の出来物《できもの》が体にでき、少しもよくなりません。死期が近づき、黄泉《よみ》の国がどうやら近くなったようです。……どうか大僧都の職を解いていただき、自由の身にしてくださるようにお願いいたします

というものである。

しかし、この願い出はすぐさま却下された。これに対する「勅答」は、「真言密教は伝えられたけれども、それを学ぶ者はまだまだ少なく、奥義に達した者もわずかである。だからそなたの職をいますぐ解くわけにいかない。ゆっくり静養して、再び元気を取り戻し、真言密教の流布につとめるがよい」

というものであった。気の毒に空海は、病気になっても公務に従事せねばならないのだ。

少し話が先に進みすぎたので、時計の針を戻す。

下賜された高野山に、空海が最初に登ったのは弘仁九年十一月十六日である。

空海は、山に登る途中で白黒二匹の犬を連れた狩人《かりうど》と出会った。その人に案内されて高野山に来ると、松の木の上に三鈷がかかっている。空海が中国の海岸で投げた三鈷である。じつはその狩人は、狩場明神《かりばみょうじん》という高野山の明神であった。そこで空海は狩場明神から土地を貰《もら》い受け、修禅の道場を建立した。そのような伝説もある。

また、『空海僧都伝』には、空海は丹生都比売《にうつひめ》（天照大神の妹神）から高野山の土地を貰ったとある。

しかし、空海が高野山を開創した当時、狩場明神や丹生都比売といった神がここにいたかどうかに関しては、それを否定する学者も多い。だが、空海が密教の最適の道場に高野山を選んだことだけは、否定しようもない事実である。そして高野山は、以後千二百年にわたって、わが国における密教の最高の聖地となっている。

高野山に籠居できなかった空海

ここらあたりのところ、わたしは時間の順序を無視して、トピック的に空海を語ってきたので、話がややこしくなる。空海は高野山で入定している。〝入定〟というのは、禅定に入ったことだ。空海は死んだのではなく、禅定に入った。それが真言宗の立場だ。そのことについてはあとで述べる。いま、ここでは〝死んだ〟という表現を使う。空海は六十二歳で高野山で入滅した。そこで高野山が出てくると、空海の晩年のように思われ、空海は高野山で静かに余生を送ったかのように錯覚されてしまう。とんでもない。空海に高野山が下賜されたのは、彼が四十三歳のとき。それから彼の入滅まで、約二十年の時間があるのだ。

そこで、時間の順序をはっきりさせるため、高野山を下賜された年から以降の出来事を、編年体で記しておく。下段の（　）内は空海の年齢である。


弘仁七年（八一六）(43)　修禅の道場として高野山が空海に下賜される。

弘仁八年（八一七）(44)　高弟の実恵《じつえ》・泰範らが高野山の開創に着手。

弘仁九年（八一八）(45)　空海、高野山に登る。

弘仁十一年（八二〇）(47)　伝燈大師位、内供奉十禅師に任ぜられる。

弘仁十二年（八二一）(48)　讃岐国万濃池の修築。

弘仁十三年（八二二）(49)　東大寺に真言院（灌頂道場）を建立。平城上皇に三昧耶戒を授ける。天城天皇の皇子の高岳《たかおか》親王が出家し、空海の弟子となる。

弘仁十四年（八二三）(50)　東寺を給預され、これを教王護国寺とする。

天長元年（八二四）(51)　神泉苑において祈雨。少僧都に任ぜられる。

天長二年（八二五）(52)　東寺講堂を建立。

天長四年（八二七）(54)　内裏で祈雨。大僧都に任ぜられる。

天長五年（八二八）(55)　綜芸種智院を開設。

天長六年（八二九）（56）大安寺の別当に任ぜられる。

天長八年（八三一）（58）病により大僧正を辞することを請うも許されず。

天長九年（八三二）（59）高野山上で万灯万華会《まんどうまんげえ》を営む。

承和元年（八三四）（61）宮中真言院において、毎年正月、御修法を行なうことを奏上し、勅許あり。その後、恒例の行事となる。ただし、これを疑う学者も多い。

承和二年（八三五）（62）真言宗に年分度者三名を賜る。金剛峯寺を定額寺とする勅許あり。三月二十一日、高野山において入定。


こうして見ると、空海は、高野山を下賜されたのちも、ずいぶんと世俗の仕事に邁《まい》進《しん》している。

年表には省略したが、弘仁九年に朝廷は空海に大和の弘福寺《ぐふくじ》を施与した（ただし、この年代に関しては異説がある）。弘福寺は川原寺《かわらでら》ともいい、奈良県高市《たかいち》郡明日香《あすか》村にある。この寺は、伊予親王とその母が罪によって捕えられ、幽閉されて毒死した寺である。親王の祟《たた》りを鎮めるべく、朝廷は空海に滅罪の法を修することを依頼したものと思われる。

と同時に、空海が高野山と高雄山寺を往還するとき、弘福寺が中継地点となる。朝廷は、空海が高野山に籠りきりにならず、頻繁に都に出て来るようということで、弘福寺を施与したことも考えられる。つまり、空海は世間が必要とした人物なのだ。彼が俗界を離れて山林に幽栖《ゆうせい》することを、世俗世間は許さなかったのである。

弟子の智泉の死

天長二年（八二五）といえば、空海五十二歳である。空海の入定は六十二歳のときであるから、その十年前だ。

その天長二年の五月十四日に、空海の弟子の智泉《ちせん》が高野山の東南院で入寂した。享年三十七。

智泉の母は空海の姉である。それ故、智泉は空海の甥《おい》である。そして彼は、九歳で空海の弟子となった。出家者である空海には、わが子はいない。だから空海にとって、智泉はわが子にも等しい存在であったと思われる。空海は彼を「道に入つては長子なり」と言っている。仏道の上では長男だというのだ。

いかに空海が智泉の死を悲しんだか。『性霊集』（巻第八）には「亡弟子智泉が為の達嚫《だつしん》の文」が収録されている。〝達嚫の文〟は「追悼文」だと思えばよい。

哀《あわれ》なる哉《かな》、哀なる哉、哀《あわれ》の中の哀なり。悲しき哉《かな》、悲しき哉。悲《ひ》の中の悲なり。

空海はそう言い、そして、死というものは迷いの世界における夢のごとき出来事だと分かってはいるが、それでも涙がこぼれると告白する。

そしてさらに空海は、

哀《あわれ》なる哉《かな》、哀なる哉、復《また》哀なる哉。悲しい哉、悲しい哉、重ねて悲しい哉。

と、同じ言葉を繰り返している。空海は、わが子にも等しい弟子の死に、大きなショックを受けたのだ。

そして空海は、このとき、おそらく自分の死をも考えたに違いない。やがて自分もこの迷いの世界を去って行く。その日のことを、空海は考えたはずだ。わたしはそのように思う。

万燈万華会

天長九年（八三二）八月二十二日、空海は高野山において万燈万華会《まんどうまんげえ》を修した。これは、懺悔《さんげ》・滅罪のために一万の燈明を献ずる法会である。そのときの願文（「高野山万燈会の願文」）が『性霊集』（巻第八）に収録されている。

ここに空海諸《もろもろ》の金剛子等《こんごうしら》と金剛峯寺《こんごうぶじ》にして、聊《いささ》か万燈万花《まんどうまんげ》の会《え》を設けて両部曼荼羅《まんだら》、四種の智印に奉献《ぶごん》す。期《ご》する所は毎年一度斯《こ》の事《こと》を設け奉《たてま》つて、四恩を答へ奉《たてまつ》らむ。虚空《こくう》尽き、衆生尽き、涅槃《ねはん》尽きなば、我《わ》が願ひも尽きむ。

〔ここに空海は、大勢の弟子たちとともに金剛峯寺において、金剛界・胎蔵界の曼荼羅の諸尊、一切の仏に万燈万華を献ずる法要を営む。そして、今後、毎年一度はこの法要を営み、四恩に奉じたいと思っている。わたしの念願は、虚空のある限り、衆生のある限り、涅槃のある限り続く〕

この最後にある、
《虚空尽き、衆生尽き、涅槃尽きなば、我が願ひも尽きむ》
の言葉は有名だ。一切の衆生が輪廻転生するこの大宇宙＝虚空がなくなったとき、そのとき一切衆生は涅槃に入る。そして、その涅槃すらなくなったとき、わが願いが消滅する。空海はそう言う。しかし、じつは空海は、これを『華厳経』（十地品）を転用して書いたのだ。したがって、これは空海のオリジナルな言葉ではない。しかし、一切衆生の救済を考えるのが菩薩の基本精神であり、『華厳経』はそれを言ったものである。一切衆生の救済を畢生《ひっせい》の命題とした空海だからこそ、彼は『華厳経』の言葉を思い出したのである。まことに空海にふさわしい言葉である。

そして、万燈万華会を修した天長九年の十一月十二日から、空海は五穀を厭《いと》い避けるようになったらしい。『二十五箇条の御遺告』には、次のように記されている。

吾去る天長九年十一月十二日より深く穀味を厭いて専ら坐禅を好む。皆是れ令《りょう》法久住《ぼうくじゅう》の勝計并《しょうけいならび》に末世後世弟子門徒等の為也。方今《ほうこん》諸弟子等諦聴せよ、諦聴せよ、吾生期今幾《いくばく》もあらず、仁等《なんだち》好住せよ、慎んで教法を守れ、吾永く山に帰せん。

〔わたしは去る天長九年十一月十二日から極端に五穀を厭い避け、もっぱら坐禅をやっている。これは仏法をこの世に永遠にあらしめんがための工夫であり、わが死後の未来の門弟たちのためにしていることだ。まさにいま、弟子たちよ、よく聞くがよい、よく聞くがよい。わたしの余生はあといくばくもない。あなたがたはよく勤め、わが教えを忠実に守れ。わたしは永く山に帰ろうと思う〕

どうやらこのころ、空海はすべての官職を辞して、京を去って高野山に居を移していたらしい。しかし、高野山に隠棲していても、空海がのちの真言宗の教団の発展のための基礎固めをしていたことは、まちがいのない事実である。

入定伝説

承和二年(八三五)三月二十一日、寅《とら》の刻(午前四時)、空海は大勢の弟子たちに見守られながら永遠の定に入った。享年六十二。

この年の正月から、空海は食を断っていたようだ。最後には水分すら補給しなくなったらしい。弟子たちは、どうか食物を摂ってください、と懇願した。それに対して、空海は、

止《や》みね、止みね、人間《じんかん》の味を用ゐず

と答えた。「やめなさい、やめなさい、もはやわたしには、この世における食物など不必要だ」というのである。『空海僧都伝』にそう伝えられている。

じつは真言宗においては、空海は「死んだ」とは言わない。「入定した」と言う。空海はいまも高野山の奥の院において、肉体をとどめたまま禅定に入り、弥勒菩薩《みろく》がやがて仏となって下生されるのをじっと待っている。真言宗ではそのように考えられている。それが入定伝説である。

入定伝説によると、空海は承和二年の正月から断食を始め、最後には水分すら摂らなくなった。そして、三月十日ごろから、空海は弟子たちとともに弥勒菩薩の名号を唱えていた。

三月二十一日、寅の刻、空海は改めて正坐をし、大日如来の印を結ぶ。そして目を閉じ、言葉も言わなくなった。

四十九日目に弟子たちが拝見すると、顔色は少しも変わらず、ひげや髪が伸びていた。弟子たちは髪や髭をお剃り申し上げて、衣服をととのえて奥の院にお移しした。そして、周囲に石垣を築き、上に宝塔を建立した。

これが伝説である。

たぶん、そう聞かされても、そのままこれを信じる人はいないであろう。けれども、だからといって、これに反論を加える必要はない。『続日本後紀』などの正史は、空海の遺骸が荼毘《だび》に付されたことを伝えている。また、入定伝説そのものが、空海の死後百年もしてから弘まったものであることが、歴史家の研究によって明らかになっている。だから入定伝説は嘘だ！　と、そんなふうに言うのはおとなげない。事実と真実は違うのであり、歴史家が語るのは歴史的事実であるが、宗教者にとっては「宗教的真実」こそが語られるべきものである。

――空海はいまも生きている――

わたしは、それが宗教的真実だと思う。いや、もっと正しく言えば、わたしたちはいま、自分の心の中で空海を生かさねばならないのである。空海は生きているのではなく、われわれが空海とともに生きなければならないのである。

わたしはそのように考えている。

あとがき

わたしは一九八四年三月に、『空海入門』という本を祥伝社より上梓《じょうし》しました。まだ気象大学校の教授であったころです。

その『空海入門』が、一九九八年一月に中央公論社（現在は中央公論新社）から文庫本として刊行になりました。そのときは、ほとんど手を加えず、祥伝社より刊行されたまま文庫本化しました。

そして昨年になって、『空海入門』を祥伝社の文庫に加えたいと申し入れがあったのです。最初に祥伝社から出していただいてから三十年もたっています。さすがのわたしも、三十年も昔の本をそのまま再刊する勇気はありません。それで新たに書き下ろしたのがこの『空海と密教』です。

旧書にくらべると、本書はだいぶ学術的になっています。資料的な面での考証はしっかりしていますが、それだけにいささか難解になったかもしれません。でも読者は、むずかしいところは斜め読みして、空海の「密教人間」ぶりに触れてください。そして、あなたの人生をのんびり、ゆったりと送ってください。それを空海は望んでいます。

二十一世紀になって、日本はますます格差社会になりました。世の中全体に閉塞感《へいそく》がただよっています。競争社会の世の中で、かりにあなたがあくせく努力して、それで競争の勝者になったところで、大したことはありません。それよりあなたは、もっと人間らしく生きてください。人間らしく生きるということは、のんびり、ゆったりと生きることです。あくせくしない。がつがつしない。いらいらしない。そういう生き方が人間らしい生き方です。

そして、密教人間＝空海は、徹底して人間らしい生き方をしました。だから、いま、わたしたちは空海に学ぶ必要があります。わたしはそう考えて、本書を執筆しました。

二〇一五年一月

ひろさちや

本書は祥伝社黄金文庫のために書下ろされました。

一〇〇字書評

切り取り線

購買動機（新聞、雑誌名を記入するか、あるいは○をつけてください）	
□（　　　　　　　　　）の広告を見て	
□（　　　　　　　　　）の書評を見て	
□ 知人のすすめで	□ タイトルに惹かれて
□ カバーが良かったから	□ 内容が面白そうだから
□ 好きな作家だから	□ 好きな分野の本だから

・最近、最も感銘を受けた作品名をお書き下さい

・あなたのお好きな作家名をお書き下さい

・その他、ご要望がありましたらお書き下さい

住所	〒				
氏名		職業		年齢	
Eメール	※携帯には配信できません	新刊情報等のメール配信を 希望する・しない			

この本の感想を、編集部までお寄せいただけたらありがたく存じます。今後の企画の参考にさせていただきます。Eメールでも結構です。

いただいた「一〇〇字書評」は、新聞・雑誌等に紹介させていただくことがあります。その場合はお礼として特製図書カードを差し上げます。

前ページの原稿用紙に書評をお書きの上、切り取り、左記までお送り下さい。宛先の住所は不要です。

なお、ご記入いただいたお名前、ご住所等は、書評紹介の事前了解、謝礼のお届けのためだけに利用し、そのほかの目的のために利用することはありません。

〒一〇一－八七〇一
祥伝社文庫編集長　坂口芳和
電話　〇三（三二六五）二〇八〇

祥伝社ホームページの「ブックレビュー」からも、書き込めます。
http://www.shodensha.co.jp/bookreview/

祥伝社黄金文庫

空海と密教

平成27年2月10日　初版第1刷発行

著　者　ひろ さちや
発行者　竹内和芳
発行所　祥伝社《しょうでんしゃ》
〒101-8701
東京都千代田区神田神保町3-3
電話　03（3265）2084（編集部）
電話　03（3265）2081（販売部）
電話　03（3265）3622（業務部）
http://www.shodensha.co.jp/
印刷所　堀内印刷
製本所　ナショナル製本

Printed in Japan　© 2015, Sachiya Hiro　ISBN978-4-396-31655-6 C0195